Pascale Leconte
Couverture : Camille Benyamina.
Correction : Ségolène Tortat.

Mon recueil Magique de recettes Arc-en-ciel

Éditeur : BoD-Books on Demand
12-14 rond-point des Champs-Élysées, 75008 Paris
© 2020 Pascale Leconte.
Impression : **Books on Demand**, Norderstedt, Allemagne
Dépôt légal : Décembre 2020.
ISBN : 9782322260720

Loi n°49-956 du 16 juillet 1949 sur les publications destinées à la jeunesse,
modifiée par la loi n°2011-525 du 17 mai 2011.

Conseils d'utilisation de ce Recueil Magique :

***Chaque jour ou chaque fois que tu en as l'idée,
ouvre ce Recueil Magique afin de connaître
la recette ou l'aliment idéal pour toi !***

Aie confiance, demande-toi d'ouvrir la page parfaite pour ce dont ton corps a besoin aujourd'hui.
Tu peux fermer les yeux et piocher une recette au « hasard », rien n'arrivant réellement par hasard...
Mais tu peux aussi choisir un nombre entre 4 et 273 !
Cela t'indiquera la page où découvrir ta recette.
Tu peux lancer deux dés et voir le nombre qu'ils t'indiquent :
1+3 = 4.
Ou alors 1 et 3 = 13 !
À toi de décider ! Amuse-toi.
Toutefois, tu peux aussi choisir délibérément, selon ton inspiration, en regardant le sommaire à la fin du livre.

Ce recueil étant scindé en fonction de la couleur de l'ingrédient clé de chaque recette, tu peux aussi décider de regarder directement dans la section « verte » ou « violette », par exemple, afin d'obtenir ton conseil nutritionnel de la journée.

La vie est à prendre comme un jeu... Un jeu de rôles. Un jeu drôle !

Mets de la joie dans ta nourriture, mange du rire et de la légèreté. Ris quotidiennement !
Mange des barres de rire !
Il s'agit là d'une véritable cure de jouvence : de l'eau, du rire et des aliments frais, sains et colorés.

Puis surtout, cuisine en souriant, sois heureux de préparer ce bon repas pour toi, pour tes amis, pour ta famille, pour les fées et les lutins qui t'accompagnent discrètement...

Le mieux étant de découvrir ta recette idéale dès le matin, car il peut s'agir de passer une journée entière avec une alimentation particulière mais aussi le conseil de commencer ta journée par un verre d'eau citronnée, par exemple.
Ou alors, il te sera utile de te procurer un ingrédient qui n'est pas encore dans tes placards.

En résumé, écoute-toi. Si tu tombes sur une page qui ne t'inspire vraiment pas ou qu'il te manque un ingrédient impossible à trouver à cette saison, c'est peut-être parce que la recette idéale se trouve à la page d'à côté ! Ou que tu possèdes déjà un ingrédient qui pourra remplacer celui qui te manque...

Laisse-toi guider par ton intuition, le « hasard » et ta joie !
Bon appétit !

C'EST L'HEURE D'UN SMOOTHIE BLANC !

Pour 1 personne.

1 banane surgelée (elle a été mise au congélateur coupée en tranches)
5 noix de cajou (ayant trempé au moins 4 heures dans l'eau, si possible)
3 dattes dénoyautées OU 1 cuiller à café de sucre de canne
5 baies de goji séchées (facultatif)
20 cl de lait d'avoine (ou d'amande ou de coco)
1 cuiller à soupe de flocons d'avoine
1 cuiller à soupe bombée de noix de coco râpée

Sors les tranches de banane du congélateur.
Place la banane, le lait végétal, les noix de cajou réhydratées, les flocons d'avoine, la noix de coco, les baies de goji et les dattes (ou le sucre) dans un blender.
Mixe le tout pendant une longue minute.
C'est prêt !
Ce smoothie est un petit-déjeuner idéal, mais aussi un goûter parfait.
Il peut même remplacer un repas si tu as envie de manger léger.

Petits bonus de fée :
Il existe des pailles en inox réutilisables !
Les baies de goji font partie des superaliments. Avec une dose minime, les apports nutritifs sont énormes.

Goûters « cœur » noix de coco enrobés de chocolat.

Pour 6 personnes.

12 dattes
100 gr de chocolat
100 gr de noix de coco râpée
5 cl de crème de coco (crème liquide à base de lait de coco)
1/2 cuiller à café d'extrait de vanille

Dénoyaute les dattes.
Fais-les tremper dans un bol d'eau durant 30 minutes.
Égoutte-les.
Mets les dattes et la noix de coco râpée dans un bol hachoir électrique.
Procède en plusieurs fois, si nécessaire.
Ajoute l'extrait de vanille.
Mixe la préparation durant quelques minutes.
Ajoute la crème de coco au fur et à mesure jusqu'à obtenir une consistance dense et compacte.
Forme avec les mains des cœurs dont l'épaisseur fait 1 cm.
Fais fondre le chocolat au bain-marie.
Trempe les cœurs, un à un, dans le chocolat fondu.
Dépose-les ensuite sur un plat en attendant que le chocolat durcisse.

Petit bonus de fée :
Fais un vœu chaque fois que tu mangeras l'un des cœurs !
Les dattes sont riches en fibres, vitamines et en protéines.

Velouté au **lait d'amande**, courgette et basilic.

Pour 4 personnes.

2 courgettes
1 oignon
2 gousses d'ail
4 ou 5 feuilles de basilic
40 cl de lait d'amande
1 cuiller à soupe de purée d'amande (facultatif, à trouver dans les magasins bio)
1 cube de bouillon de légumes
1 cuiller à soupe de sauce soja
Eau
Sel de mer
Poivre aux 5 baies

Pèle l'oignon et l'ail. Coupe-les en morceaux.
Tranche les courgettes en rondelles épaisses.
Mets-les dans une casserole avec un fond d'eau et couvre-la.
Fais-les cuire à feu moyen pendant 20 minutes environ.
Quand les légumes sont cuits, ajoute dans la casserole le lait d'amande, le basilic, la purée d'amande, le bouillon de légumes, la sauce soja, le sel et le poivre.
Mixe tous les ingrédients jusqu'à obtenir une soupe homogène.
Si besoin, rajoute un peu d'eau pour la rendre plus liquide.
Cette soupe se déguste chaude ou froide, façon gaspacho.

Salade fraîcheur aux **Pêches Blanches**.

Pour 4 personnes.

8 pêches blanches (ou 8 nectarines blanches ou 4 de chaque)
5 feuilles de menthe fraîche
10 cl de jus de pomme
2 cuillers à soupe d'eau de fleurs d'oranger
1 cuiller à soupe de sirop de sucre de canne liquide (ou de sucre de canne en poudre)
1 cuiller à café bombée de graines de chia (facultatif)

Pèle les pêches. Puis coupe-les en morceaux d'environ 2 cm.
Lave et coupe finement la menthe.
Mets les pêches et la menthe dans un saladier ainsi que tous les autres ingrédients.
Mélange délicatement.
Place la salade fraîcheur au réfrigérateur au moins 4 heures avant de déguster.

Petit bonus de fée :
Les graines de chia sont riches en protéines, en oméga-3 et en oméga-6. Idéal donc pour les végétariens.

Thé blanc glacé à la grenade et verveine.

Pour 4 personnes.

1 grenade
6 feuilles de verveine (fraîches ou séchées)
1 cuiller à soupe de thé blanc
1 litre d'eau

Mets l'eau froide dans une carafe ou une théière.
Ajoute la cuiller de thé.
Laisse infuser à température ambiante pendant 1 heure pour un thé léger ou 2 heures pour un thé plus fort.
Filtre le thé à l'aide d'une passoire fine.
Coupe la grenade en deux pour pouvoir l'égrener.
Mets les grains dans le thé infusé.
Ajoute les feuilles de verveine.
Place au réfrigérateur au minimum 2 heures.

Petit bonus de fée :
Fabrique des glaçons avec du sirop de grenadine et mets un grain de grenade dans chaque glaçon.

Smoothie bowl bananes et COCO.

Pour 1 personne.

Le smoothie :
1 banane surgelée (elle a été mise au congélateur coupée en tranches)
3 dattes dénoyautées (ou 1/2 cuiller à café de sucre roux)
5 noix de cajou (ayant trempé au moins 4 heures dans l'eau, si possible)
5 baies de goji séchées (facultatif)
15 cl de lait de coco
1 cuiller à soupe de flocons d'avoine
1 cuiller à café de noix de coco râpée

Le topping :
1/2 mangue (fraîche ou surgelée)
4 framboises (fraîches ou surgelées)
2 cuillers à soupe de granola
1/2 cuiller à café de graines de chia

Sors les tranches de banane du congélateur.
Mets-la dans le blender avec le lait de coco, les flocons d'avoine, les noix de cajou, les baies de goji et les dattes.
Mixe pour obtenir un smoothie homogène et consistant.
Verse le smoothie dans un grand bol.
Lave les framboises et coupe-les en deux.
Pose-les, en une bande, sur le dessus du smoothie.
Pèle et coupe la demi-mangue en petits carrés. Répartis-la le long de la bande de framboises.
Place le granola de l'autre côté des framboises.
Dispose ensuite une ligne de noix de coco râpée et une ligne de graines de chia.
Ce smoothie bowl se mange à la cuiller.
C'est est un petit-déjeuner idéal, mais aussi un goûter parfait.
Il peut même remplacer un repas si tu as envie de manger léger.

BLANC

Recette d'une Assiette Blanche !

Pour 1 personne.

Compose-toi une assiette avec différents ingrédients blancs, par exemple :

Des pois chiches ou des haricots blancs (cuits et salés)
Du riz
Des champignons de Paris rissolés avec du sirop d'érable et un demi-oignon blanc haché finement.
Quelques feuilles de salade Iceberg
De la levure maltée (à trouver au rayon diététique)
Du gomasio (un mélange de graines de sésame et de sel)
Des raisins blancs frais ou secs
Quelques fleurettes de chou-fleur cuit ou cru façon « semoule » :

Détache et lave les bouquets de chou-fleur cru.
Laisse-les sécher quelques minutes.
Mixe brièvement les bouquets avec un blender afin qu'ils deviennent comme de la semoule.

Vinaigrette citronnée :

1/2 citron
4 cuillers à soupe d'huile de pépins de raisin
1 cuiller à soupe de miel d'acacia
1 cuiller à soupe de purée de sésame (à trouver dans les magasins bio)
Sel de mer
Poivre blanc

Presse le demi-citron.
Mélange énergiquement tous les ingrédients de la vinaigrette.

BLANC

Une micro dose d'**huile essentielle de thym**

(dont les fleurs sont blanches) te fera le plus grand bien !

Prends une cuiller à soupe de miel et ajoute
une seule goutte d'huile essentielle de thym.

Mélange ce miel parfumé dans une tasse d'eau chaude ou une tisane.
Tu peux aussi verser une goutte d'huile essentielle sur le sachet de thé
ou de tisane juste avant de le tremper dans l'eau bouillante.

Petit bonus de fée :
L'huile essentielle de thym accroît tes défenses immunitaires.
Elle apaise le stress, l'agitation et la nervosité.

Information importante :
Il est fortement déconseillé aux femmes enceintes et aux enfants
de moins de 6 ans de consommer des huiles essentielles.

Sorbet aux **Litchis**, aux framboises et parfumé à l'eau de rose.

Pour 4 personnes.

20 framboises
1 boîte de litchis au sirop de 560 gr (dénoyautés)
Le sirop de la boîte de litchis
4 cuillers à soupe d'eau de rose

Cette glace est à finaliser au moment de la servir !
Égoutte les litchis et conserve le sirop.
Place les litchis et les framboises dans une boîte au congélateur durant au moins 5 heures.
Verse le sirop dans une petite bouteille. Ajoute l'eau de rose.
Secoue énergiquement la bouteille fermée.
Et conserve-la au réfrigérateur.
Juste avant de servir ce dessert, mets les litchis gelés, les framboises et le contenu de la bouteille dans un blender.
Mixe jusqu'à obtenir une consistance onctueuse.
OU mets le mélange mixé dans une sorbetière environ 20 minutes
C'est prêt !

Endives caramélisées aux amandes.

Pour 4 personnes.

6 endives
1 gousse d'ail
1 pincée d'herbes de Provence
Huile d'olive
2 cuillers à soupe d'amandes entières
2 cuillers à soupe de sirop d'érable
1 cuiller à soupe de vinaigre balsamique
1 cuiller à soupe de sauce soja
Sel de mer
Poivre aux 5 baies

Fais tremper les amandes dans un bol d'eau au moins 1 heure (l'idéal étant 4 heures).
Lave les endives, enlève la base afin d'amoindrir l'amertume.
Coupe-les en deux dans le sens de la longueur.
Mets de l'eau salée dans une casserole.
Quand elle est en ébullition, plonge les endives dedans durant 10 minutes.
Égoutte-les.
Concasse les amandes.
Pèle et hache finement l'ail.
Fais chauffer l'huile d'olive dans une grande poêle à feu moyen.
Ajoute les endives pour les faire rissoler.
Mets-y aussi le sirop d'érable, l'ail, le vinaigre balsamique, la sauce soja, les herbes de Provence, le sel et le poivre.
Quand les endives sont caramélisées, ajoute les amandes et poursuis encore la cuisson quelques minutes.

Un « Banoffee » :
Tarte à la **Banane**, au spéculoos et au caramel.

Pour 6 personnes.

3 bananes
1 pot de confiture de lait (200 gr)
150 gr de spéculoos
120 gr de margarine végétale
80 gr de biscuits à la cuiller (boudoirs)
40 cl de crème liquide
3 cuillers à soupe de sucre glace
2 cuillers à soupe de cacao en poudre
1 cuiller à soupe d'extrait de vanille

Place la crème liquide dans un récipient au réfrigérateur afin qu'elle soit bien froide au moment de faire la chantilly.
Écrase les spéculoos et les boudoirs pour les réduire en poudre, à l'aide d'un pilon ou d'un bol hachoir électrique.
Fais fondre la margarine dans une casserole et verse-la ensuite sur la poudre de spéculoos et de boudoirs.
Mélange bien.
Étale cette base biscuitée dans le fond d'un cercle à pâtisserie.
L'épaisseur de la base est d'environ 1 cm. Tasse à l'aide d'un verre.
Étale la confiture de lait sur la couche de biscuits. L'épaisseur de cette couche est d'environ 1 cm.
Coupe les bananes en rondelles de 1/2 cm.
Place-les de manière uniforme sur la couche de confiture de lait.
Sors la crème liquide du réfrigérateur et ajoute le sucre glace et l'extrait de vanille.
Monte-la en chantilly avec un fouet électrique.
Étale la chantilly sur la couche de bananes.
Saupoudre avec la poudre de cacao tamisée.
Place le Banoffee, au minimum, 2 heures au réfrigérateur avant de servir.

BLANC

BOIS UN GRAND VERRE D'EAU !

Velouté aux **asperges blanches**.

Pour 5 personnes.

500 gr d'asperges blanches
200 gr de pommes de terre
1 oignon
2 gousses d'ail
10 cl de crème liquide au soja
1 cube de bouillon de légumes
1 cuiller à soupe d'huile d'olive
1 cuiller à soupe de sauce soja
Eau
Sel de mer
Poivre aux 5 baies

Pèle la base des asperges et coupe-les en rondelles épaisses.
Épluche les pommes de terre. Tranche-les en gros morceaux.
Pèle et émince l'oignon.
Dans une casserole, fais revenir l'oignon et l'ail avec l'huile.
Ajoute les pommes de terre, laisse mijoter pendant quelques minutes en remuant.
Mets-y ensuite les asperges puis ajoute de l'eau jusqu'à les recouvrir.
Ajoute le bouillon de légumes et la sauce soja. Couvre la casserole et laisse cuire pendant 20 minutes environ.
Quand les légumes sont devenus fondants, ajoute la crème liquide et mixe le tout.

Petit bonus de fée :
Tu peux récupérer des tranches de pain dur, en les transformant en croûtons à mettre dans ce velouté d'asperges !
Coupe le pain sec en morceaux de 1 ou 2 cm. Pèle une gousse d'ail et hache-la finement. Fais chauffer un filet d'huile d'olive dans une poêle.
Ajoute l'ail et le pain. Mélange régulièrement.
Fais rissoler le pain.

Salade de **chou blanc** façon asiatique.

Pour 5 personnes.

1 chou blanc (environ 1 kg)
30 gr de noix décortiquées
10 cl de vinaigre blanc
2 cuillers à soupe de sucre roux
2 cuillers à soupe de raisins secs (facultatif)
Sel de mer

<u>La sauce :</u>

6 cuillers à soupe d'huile de colza
1 cuillers à soupe de sauce soja
1 cuiller à soupe rase de graines de sésame
1 cuiller à soupe de gomasio (mélange de sésame et de sel, à trouver en magasins bio)
Sel de mer
Poivre blanc

Hache le plus finement possible le chou blanc.
Fais-le tremper dans une bassine d'eau salée, bien froide, durant 20 minutes environ.
Dans un bol, verse le vinaigre blanc, le sucre et le sel. Mélange.
Égoutte le chou, puis arrose-le de vinaigre sucré.
Malaxe à la main et laisse mariner dix minutes.
Égoutte le chou une deuxième fois.
Rince-le avec un peu d'eau quand il est encore dans la passoire.
Ajoute les noix préalablement concassées et le raisin sec.
Mélange les ingrédients de la sauce dans un bol.
Répands cette sauce sur le chou, les noix et les raisins secs.
Mélange bien.
C'est prêt !

Purée de **pommes de terre** et de **céleri-rave**.

Pour 5 personnes.

1 céleri-rave
2 oignons
2 gousses d'ail
1 kg de pommes de terre
150 gr de gruyère râpé
50 gr margarine végétale
15 cl de lait de riz (ou d'amande)
1 cuiller à soupe de sauce soja
1 pincée de muscade
Sel de mer
Poivre aux 5 baies

Pèle le céleri-rave, les pommes de terre et les oignons.
Coupe-les en gros morceaux.
Épluche l'ail. Hache-le finement.
Mets le céleri, l'ail, les oignons et les pommes de terre dans une grande casserole, recouvre-les d'eau.
Ajoute le sel et le poivre.
Fais chauffer l'eau et laisse cuire pendant 20 minutes environ.
Quand les légumes sont fondants, égoutte-les à l'aide d'une passoire.
Remets-les dans la casserole avec le lait de riz, la margarine végétale, la sauce soja, la muscade, le poivre et un peu plus de sel si nécessaire.
Réduis tout cela en purée avec un presse-purée.
Place la purée dans un plat à gratin.
Répands le gruyère en une couche uniforme.
Mets le plat sous le gril durant 10 minutes environ.
Quand le fromage est bien gratiné, c'est prêt !

BLANC

Salade aux lentilles, concombres et **nectarines blanches** rôties.

Pour 4 personnes.

2 nectarines blanches
1 citron
1 concombre
1 branche de romarin
1 gousse d'ail
200 gr de lentilles vertes
100 gr de feta
2 cuillers à soupe d'huile d'olive
1 cuiller à soupe de sirop d'érable
Sel de mer
Poivre aux 5 baies

Pèle l'ail et coupe-le finement.
Mets les lentilles dans une casserole avec le double de leur quantité en eau.
Ajoute l'ail, le romarin et du sel.
Allume le gaz sur feu moyen et laisse cuire pendant 20 minutes environ.
Coupe les nectarines en quartiers et caramélise-les dans une poêle avec le sirop d'érable et l'huile d'olive. Réserve-les pour le dernier moment.
Coupe des petits dés de feta.
Pèle le concombre et tranche-le aussi en petits dés.
Presse le citron.
Quand les lentilles sont fondantes, verse-les dans un saladier afin d'accélérer leur refroidissement.
Dès qu'elles sont froides, ajoute la feta, le concombre, le sel et le poivre.
Ajoute un filet d'huile d'olive et le jus de citron.
Dispose les nectarines rissolées et refroidies sur la salade, en guise de décoration.

De la **levure maltée** !

À saupoudrer sur ta salade ou sur ton Buddha Bowl.

La levure maltée est une excellente source de protéines végétales.

Salade fraîcheur de **chou-rave**.

Pour 4 personnes.

2 pommes
600 gr de chou-rave
6 cuillers à soupe d'huile d'olive
2 cuillers à soupe de vinaigre de cidre
1 cuiller à soupe bombée de raisins secs
1 cuiller à soupe de moutarde
1 cuiller à soupe de levure maltée (à trouver au rayon diététique)
1 cuiller à soupe de gomasio (mélange de sésame et de sel, à trouver en magasins bio)
Sel de mer
Poivre aux 5 baies

Pèle et râpe le chou-rave.
Épluche les deux pommes. Coupe-les en petits dés de 1 cm.
Dans un saladier, mets le chou, les pommes, les raisins secs et les ingrédients pour la vinaigrette.
Mélange délicatement.
Bon appétit !

Petit bonus de fée :
L'alimentation à base de fruits et légumes crus est une véritable cure de jouvence pour notre corps !
Les nutriments et les vitamines des aliments restent intacts et ne sont pas détruits par la cuisson.

Endives braisées aux champignons de Paris.

Pour 4 personnes.

1 kg d'endives
2 oignons
1 gousse d'ail
200 gr de champignons de Paris frais
3 cuillers à soupe d'huile d'olive
2 cuillers à soupe de sauce soja
Sel de mer
Poivre aux 5 baies

Lave les endives puis retire leur base.
Coupe-les en deux dans le sens de la longueur.
Ôte les pieds des champignons et lave-les rapidement s'ils ont de la terre.
Tranche-les en lamelles de 1/2 cm.
Pèle l'ail et les oignons. Émince-les.
Dans une casserole, fais rissoler l'ail et les oignons avec l'huile.
Remue régulièrement.
Quand les oignons sont dorés, ajoute les endives et les champignons.
Assaisonne avec la sauce soja, le sel et le poivre.
Fais cuire le tout à petit feu pour les faire rissoler.
Après quelques minutes, ajoute 10 cl d'eau.
Laisse mijoter pendant environ 30 minutes. Rajoute un peu d'eau si nécessaire.
Quand les endives sont fondantes, retire la casserole du feu.

Petit bonus de fée :
Ce plat est à accompagner avec du riz. Lors de la cuisson du riz, tu peux ajouter une cuiller à soupe d'huile de noix de coco. Cela parfumera merveilleusement ton riz !

Caviar d'ail et de courgettes.

Pour 4 personnes.

2 courgettes
6 gousses d'ail
3 cuillers à soupe d'huile d'olive
1 cuiller à soupe de sauce soja
1/2 cuiller à café de paprika
1/2 cuiller à café de curry
Sel de mer
Poivre aux 5 baies

Lave les courgettes et coupe-les en deux dans le sens de la longueur.
Pèle l'ail et hache-le finement.
Dispose les courgettes ouvertes dans une casserole.
Place l'ail sur les moitiés de courgettes.
Ajoute le sel, le poivre, le curry et le paprika.
Et verse un filet d'huile dessus.
Verse 10 cl d'eau dans la casserole et couvre-la.
Fais cuire les courgettes à feu moyen pendant 30 minutes environ.
Vérifie régulièrement la cuisson et rajoute de l'eau si nécessaire.
Quand elles sont cuites, laisse les courgettes refroidir.
Puis réduis-les en purée avec l'écrase-purée.
OU mixe les courgettes dans le bol hachoir électrique.
Mets au réfrigérateur au moins 2 heures avant de déguster.

Petit bonus de fée :
Ce caviar est parfait pour accompagner un plat de tofu et de féculent.

Salade au **fenouil** et à la **pomme**.

Pour 4 personnes.

1 bulbe de fenouil (environ 300 gr)
2 pommes
1 citron
250 gr de betteraves cuites
100 gr d'emmental en bloc
30 gr de noix décortiquées
3 cuillers à soupe d'huile d'olive
2 cuillers à soupe de raisins secs
1 cuiller à soupe de sauce soja
1 cuiller à soupe de gomasio (mélange de sésame et de sel, à trouver en magasins bio)
1 cuiller à soupe de levure maltée (à trouver au rayon diététique)
Sel de mer
Poivre aux 5 baies

Retire la base du fenouil et découpe-le en petits cubes de 1 cm.
Pèle les pommes et coupe-les aussi en petits cubes.
Concasse grossièrement les noix.
Coupe le bloc d'emmental et la betterave en cubes de la même taille que les pommes et le fenouil.
Mets l'emmental, les betteraves, les pommes et le fenouil dans un saladier.
Presse le citron.
Ajoute les raisins secs puis le jus de citron, l'huile d'olive, la sauce soja, la levure maltée et le gomasio.
Mélange la préparation.
Assaisonne avec le sel et le poivre. Bonne dégustation !

Petit bonus de fée :
Riche en fer, en calcium et en magnésium, le fenouil est excellent pour renforcer tes os.

Haricots blancs en salade et ses herbes aromatiques.
Pour 4 personnes.

3 carottes (ou 2 courgettes si tu n'as pas de carottes)
1 oignon
2 gousses d'ail
Herbes de Provence ou bouquet garni (thym, laurier, sauge, origan, romarin)
250 gr de haricots blancs secs
5 cuillers à soupe d'huile d'olive
3 cuillers à soupe de vinaigre balsamique
1 cuiller à soupe de sauce soja
1 litre d'eau
Sel de mer
Poivre aux 5 baies

À faire aujourd'hui :
Mets les haricots blancs secs dans un saladier rempli d'eau froide.
Fais-les tremper durant toute une nuit.
À faire demain :
Égoutte les haricots blancs réhydratés.
Mets-les dans une casserole avec le litre d'eau et le sel.
Porte à ébullition et fais mijoter à feu doux pendant environ 50 minutes.
Remue régulièrement durant la cuisson. Rajoute de l'eau si nécessaire.
Pèle les carottes et coupe-les en rondelles de 1 cm d'épaisseur.
Épluche l'oignon et l'ail. Coupe l'oignon en rondelles de 1/2 cm. Et hache finement l'ail.
Dans une poêle, verse un peu d'huile et ajoute les carottes, l'ail, l'oignon et le bouquet garni. Laisse mijoter à feu doux jusqu'à ce que les carottes soient cuites. Mélange régulièrement.
Quand les haricots blancs sont fondants, égoutte-les.
Place les haricots blancs et les carottes dans un saladier afin qu'ils refroidissent.
Dès qu'ils sont froids, arrose-les de sauce soja, de vinaigre et d'huile.
Assaisonne avec le sel et le poivre.
Mélange la préparation.

Soupe de **pâtisson**.

Pour 4 personnes.

1 pâtisson
2 oignons
2 gousses d'ail
1 cube de bouillon de légumes
200 gr de pommes de terre
20 cl de crème liquide de soja
1 cuiller à soupe d'huile d'olive
1 cuiller à café d'herbes de Provence
1 litre d'eau
Sel de mer
Poivre aux 5 baies

Pèle le pâtisson, les pommes de terre, l'ail et les oignons. Puis coupe-les en morceaux.
Mets l'ail et les oignons dans une casserole avec l'huile afin de les faire rissoler pendant quelques minutes.
Ensuite, ajoute le pâtisson et les pommes de terre.
Laisse mijoter encore 10 minutes environ pour qu'ils soient rissolés.
Ajoute le litre d'eau, le bouillon de légumes, les herbes de Provence, le sel et le poivre.
Fais cuire 30 minutes à feu moyen.
Quand les légumes sont fondants, retire la casserole du feu et mixe la préparation.
Arrose de crème liquide.
Bonne dégustation !

Patates douces gratinées à la crème de coco.

Pour 5 personnes.

2 oignons
1 cm de gingembre frais
1 kg de patates douces
40 cl de crème de coco
1 cuiller à café de curry
1 cuiller à café de paprika
1/2 cuiller à café de curcuma
5 cl d'eau
Sel de mer
Poivre aux 5 baies

Épluche les patates douces puis coupe-les en morceaux.
Pèle les oignons et hache-les finement.
Place les patates douces et les oignons dans un plat à gratin.
Épluche et râpe le gingembre. Disperse-le sur les patates douces.
Dans un bol, mets l'eau, la crème de coco, le curry, le paprika, le curcuma, le poivre et le sel. Mélange.
Arrose les patates et les oignons de cette préparation.
Enfourne le plat à gratin pendant environ 40 minutes à 180°C.

Petit bonus de fée :
Ce plat gratiné peut se déguster accompagné de courgettes farcies ou de poivrons rissolés, par exemple.

Flan salé aux **panais**.

Pour 4 personnes.

1 oignon
3 œufs
1 gousse d'ail
5 feuilles de basilic (facultatif)
600 gr de panais (environ 3 gros panais)
80 gr de farine
50 cl de lait de riz (ou autre lait)
1 cuiller à café de curry
1 cuiller à café de paprika
1/2 cuiller à café de curcuma
Sel de mer
Poivre aux 5 baies

Pèle les panais et l'oignon. Coupe grossièrement les panais et émince l'oignon.
Épluche l'ail et hache-le.
Fais cuire les panais, l'oignon et l'ail dans une casserole d'eau salée jusqu'à ce qu'ils soient fondants.
Égoutte les légumes et écrase-les en purée.
Mets les œufs, le curry, le paprika, le curcuma, le sel et le poivre dans un bol. Mélange énergiquement.
Ajoute la farine en la tamisant. Mélange la préparation.
Arrose avec le lait et mélange à nouveau.
Coupe finement les feuilles de basilic.
Termine en mettant la purée de légumes et le basilic avec la préparation aux œufs.
Mélange le tout et verse-le dans un plat huilé.
Mets le plat dans un four à 180°C pendant environ 30 minutes.

Tourte feuilletée aux **champignons de Paris** et **feta**.
Pour 4 personnes.

2 pâtes feuilletées
1 gousse d'ail
500 gr champignons de Paris
150 gr de feta
20 cl de crème liquide de soja
3 cuillers à soupe de moutarde
1 cuiller à soupe de sauce soja
1/2 cuiller à café de curry
1/2 cuiller à café de paprika
1/4 cuiller à café de curcuma
1/2 cuiller à café d'herbes de Provence
Sel et poivre aux 5 baies

Place l'une des deux pâtes feuilletées sur un moule à tarte.
Étale la moutarde sur cette pâte feuilletée.
Pèle et hache finement l'ail.
Tranche les champignons de Paris en lamelles.
Fais-les cuire avec l'ail, à feu doux dans une casserole couverte.
Quand ils sont cuits, égoutte-les. Dispose-les sur la moutarde.
Coupe la feta en petits cubes de 1/2 cm. Répands-les sur les champignons.
Dans un bol, mets la crème liquide, les herbes de Provence, la sauce soja, le curry, le paprika, le curcuma, le sel et le poivre.
Mélange cette préparation puis verse-la sur les champignons dans le plat à tarte.
Prends la deuxième pâte feuilletée et dispose-la sur la tourte afin de la refermer. Presse avec les doigts au niveau de la jointure pour bien fusionner les deux pâtes. À l'aide d'un couteau, perce plusieurs petits trous dans la pâte feuilletée afin que la chaleur puisse s'échapper sans la faire se boursoufler.
Mets au four à 180°C pendant environ 40 minutes. Vérifie régulièrement la cuisson.
La pâte doit être dorée.

Soupe de nouilles chinoises au **radis blanc** (daïkon).
Pour 1 personne.

1 sachet individuel (85 gr) de nouilles chinoises (au blé ou au riz)
1/4 de citron vert
1 radis blanc (daïkon, à trouver dans les magasins asiatiques)
1 cm de gingembre frais
1 feuille de citron kaffir ou feuille de combava (disponible fraîche ou surgelée dans les magasins asiatiques)
1 demi-bâton de cannelle
1 étoile de badiane
1 clou de girofle
4 cuillers à soupe de coulis de tomates
1 cuiller à soupe de sauce soja
1 cuiller à soupe d'huile de sésame
1/2 cuiller à café de chlorelle (disponible dans les magasins bio)
1/4 cuiller à café de curcuma
Sel et poivre aux 5 baies

Pèle le gingembre et coupe-le en quatre.
Épluche le radis blanc et coupe-le en petits cubes.
Pèle l'échalote et émince-la.
Verse 75 cl d'eau dans une casserole. Couvre la casserole et fais-la chauffer sur feu fort.
Mets le radis blanc, le gingembre, la feuille de citron kaffir, le bâton de cannelle, la badiane, le clou de girofle dans la casserole.
Laisse mijoter environ 5 minutes.
Quand l'eau bout, ajoute le coulis de tomates, la sauce soja, l'huile de sésame, la chlorelle, le curcuma, le sel et le poivre.
Laisse encore cuire quelques minutes.
Dans une seconde casserole, verse 60 cl d'eau, couvre la casserole et fais-la chauffer sur feu fort.
Quand l'eau bout, plonge les nouilles dans l'eau, ajoute une pincée de sel. Dès qu'elles sont devenues molles, égoutte-les. Cela peut prendre moins de 5 minutes.
Place les nouilles dans un grand bol. Arrose le tout du bouillon au radis blanc. Presse un ou deux quartiers de citron vert sur les nouilles.

Granola à base d'avoine et de coco.
Pour 4 personnes.

250 gr de flocons d'avoine
100 gr de chocolat noir
80 gr de sirop d'érable
50 gr de noix de coco râpée
2 cuillers à soupe bombées de noix décortiquées OU de noix de cajou OU de noisettes
2 cuillers à soupe bombées de pistaches décortiquées OU d'amandes
2 cuillers à soupe de graines de tournesol OU de graines de potiron
3 cuillers à café d'huile de coco
2 cuillers à café d'extrait de vanille
1 pincée de cannelle

Étale les noix (OU noix de cajou, noisettes, pistaches décortiquées, amandes) sur la plaque du four.
Torréfie-les à 150°C pendant environ 15 minutes.
Mets l'huile de coco et le sirop d'érable dans une casserole avec l'extrait de vanille et la cannelle.
Fais fondre l'huile à feu doux puis retire la casserole du feu.
Brise les noix torréfiées (OU noix de cajou, noisettes, pistaches décortiquées, amandes) en petits morceaux.
Place-les dans un saladier avec les flocons d'avoine et les graines de tournesol. Verse l'huile de coco sur les flocons d'avoine et les noix.
Mélange. Concasse la plaque de chocolat en petits morceaux.
Ajoute le chocolat aux flocons d'avoine.
Couvre de papier sulfurisé la plaque du four. Étale uniformément la préparation sur la plaque.
Enfourne à 150°C.
Au bout de 5 minutes, sors la plaque du four et mélange le granola afin qu'il puisse dorer de tous les côtés. Enfourne à nouveau et répète l'opération après 5 minutes de cuisson supplémentaires.
Refais cela une troisième fois au bout de 5 minutes. Et replace au four pour les 5 dernières minutes.

Quinoa à la **crème de coco** et ses petits légumes.

Pour 4 personnes.

1 ½ verre de quinoa
3 verres d'eau
1 oignon
2 courgettes
2 carottes
2 poivrons
2 gousses d'ail
40 cl de crème de coco
2 cuillers à soupe d'huile de sésame (de préférence)
1 cuiller à soupe bombée de graines de sésame (facultatif)
1 cuiller à soupe de sauce soja
1 cuiller à café de curry
Sel et poivre aux 5 baies

Lave, pèle et coupe en petits dés les courgettes, les carottes et les poivrons.
Pèle et hache finement l'oignon et l'ail.
Mets l'huile dans une casserole et fais rissoler les légumes, l'oignon et l'ail.
Saupoudre le curry, le sésame, la sauce soja, le sel et le poivre.
Quand les légumes sont dorés, ajoute le quinoa et laisse-le mijoter quelques minutes, en remuant régulièrement.
Arrose d'eau afin que la préparation en soit recouverte.
Place le couvercle sur la casserole.
Quand l'eau a été totalement absorbée, verse la crème de coco dans la casserole.
Laisse cuire le tout jusqu'à ce que le quinoa soit devenu tendre.

Petit bonus de fée :
Le quinoa est riche en protéines, en fibres, en vitamines et en fer !

BLANC

Les véritables recettes de Grand-Mère :
Petits cakes **glacés au sucre**.
Pour 5 personnes.

4 œufs
2 sachets de sucre vanillé
1/2 citron
80 gr de sucre glace
220 gr de sucre roux
200 gr de farine
150 gr de margarine végétale à température ambiante
1 cuiller à café de levure
Moules à cake individuels

Dans un saladier, mélange la margarine, le sucre roux et le sucre vanillé avec une cuiller en bois.
Quand la préparation est devenue homogène, ajoute quatre jaunes d'œufs et mélange bien.
Bats les blancs en neige.
En alternance, ajoute au premier mélange la levure, la farine tamisée et les blancs d'œufs.
Remplis de cette pâte les 2/3 des moules.
Place les moules au four à 180°C.
Laisse cuire pendant 25 minutes environ ou jusqu'à ce que la surface des cakes soit dorée.
Sors-les du four et laisse refroidir.
Presse le demi-citron.
Dans un bol, mélange le sucre glace avec un peu de jus de citron (très peu à la fois) pour que la consistance soit crémeuse.
Quand les petits cakes sont bien refroidis, étale le glaçage sur chacun d'eux.
Laisse le glaçage durcir durant au moins une heure.

Riz pilaf et feta à la grecque.
Pour 4 personnes.

1 oignon
1 poivron
1 gousse d'ail
1/2 citron
1 brin de menthe
1/2 cuiller à café de coriandre en poudre
250 gr de riz long
100 gr de petits pois
100 gr de feta
2 fois le volume du riz en eau
3 cuillers à soupe d'huile d'olive
1 cuiller à soupe de sauce soja
1 cuiller à café de curry
1/2 cuiller à café de curcuma
Sel et poivre aux 5 baies

Pèle et hache finement l'ail et l'oignon.
Mets-les à cuire dans une casserole avec l'huile.
Coupe le poivron en petits dés de 1 cm.
Place le riz, le poivron, les petits pois, la coriandre en poudre, le curry, le curcuma, le sel et le poivre dans la casserole. Mélange bien.
Fais cuire quelques minutes en remuant.
Verse la sauce soja et l'eau. Ferme le couvercle de la casserole.
Laisse mijoter jusqu'à ce que le riz soit cuit.
Si nécessaire, rajoute un peu d'eau.
Coupe la feta en petit cubes.
Hache finement la menthe.
Quand le plat est cuit, ajoute la feta et la menthe. Mélange bien.
Arrose d'un filet de jus de citron et mélange à nouveau.
Tu peux manger ce plat chaud ou froid selon tes préférences.
Ce plat s'accompagne de tofu mariné, d'avocat, de pois chiches ou de lentilles, par exemple.

Truffes coco et **chocolat blanc**.

Pour 6 personnes.

200 gr de chocolat blanc
150 gr de noix de coco râpée
80 gr de margarine végétale
50 gr de sucre glace
20 gr de cacao en poudre
1 cuiller à café d'extrait de vanille

Casse la plaque de chocolat blanc et place-la dans un bol pour la chauffer au bain-marie.
Ajoute la margarine végétale au chocolat.
Quand le chocolat et la margarine sont fondus, retire la casserole du feu et verse l'extrait de vanille et le sucre glace. Mélange bien.
Termine en ajoutant, petit à petit, la noix de coco râpée.
Remue jusqu'à ce que le mélange soit homogène.
Verse la préparation dans un saladier et place au réfrigérateur au moins 4 heures.
Prélève de petites quantités de ce mélange et façonne des truffes.
Roule ensuite chaque truffe dans une assiette de cacao en poudre.
Conserve-les au frais dans une boîte hermétique.
Bonne dégustation !

Après ton système digestif,

tu vas maintenant t'occuper de ton système auditif…

Grâce à la musique de Debussy, tes oreilles seront ravies !

Son « **Clair de lune** » semble idéal à écouter

lors de ton prochain repas.

Ceviche « express » à la pomme.

Pour 4 personnes.

3 pommes
1 concombre
1 grosse poignée de graines germées
1 citron
6 brins de coriandre fraîche
3 cuillers à soupe d'huile d'olive
2 cuillers à soupe de raisins secs
1/4 de cuiller à café de curry
Sel de mer
Poivre aux 5 baies

Coupe des petits dés de pommes et de concombre.
Hache finement les feuilles de coriandre fraîche.
Presse le citron.
Dans un saladier, mets les pommes, le concombre, les graines germées, les raisins secs, la coriandre, le jus de citron, l'huile, le curry, le sel et le poivre.
Mélange bien.
Mets le saladier au réfrigérateur pendant 1 heure.
Au moment de servir le ceviche, mets-en un peu dans un petit bol et retourne-le dans une assiette afin de lui donner une jolie forme.
Répète l'opération pour chaque assiette.

Petit bonus de fée :
Ce plat s'accompagne d'un riz parfumé cuit avec une touche de safran ou de curcuma.

Salade de **pois chiches** et **feta**.

Pour 5 personnes.

3 tomates
1 citron
1 échalote
2 brins de menthe fraîche
500 gr de pois chiches cuits
200 gr de feta
4 cuillers à soupe d'huile d'olive
1 cuiller à soupe de levure maltée (disponible au rayon diététique)
1 cuiller à soupe de gomasio (mélange de sésame et de sel, à trouver en magasins bio)
1 cuiller à café d'herbes de Provence
Sel de mer
Poivre aux 5 baies

Pèle l'échalote et émince-la.
Coupe les tomates en petit dés.
Hache finement les feuilles de menthe.
Presse le citron.
Coupe la feta en petits cubes.
Égoutte les pois chiches cuits.
Dans un saladier, mets les pois chiches, l'échalote, les tomates, la feta, le jus de citron, la menthe, l'huile d'olive, la levure, le gomasio, les herbes de Provence, le sel et le poivre.
Mélange.
C'est prêt !

Petit bonus de fée :
Ce plat se mange froid, accompagné de riz ou de semoule, par exemple.

Salade **Iceberg** aux **artichauts**.

Pour 4 personnes.

1/2 salade iceberg
1/2 concombre
1 boîte de cœur d'artichauts
1 mozzarella
1 échalote
5 brins de coriandre fraîche
2 cuillers à soupe d'huile d'olive
1 cuiller à soupe de vinaigre balsamique
1 cuiller à soupe de levure maltée (disponible au rayon diététique)
1 cuiller à soupe de gomasio (mélange de sésame et de sel, disponible en magasins bio)
1 cuiller à café bombée de graines de tournesol (facultatif)
Sel de mer
Poivre aux 5 baies

Tranche les feuilles de salade en fines lamelles.
Coupe des dés de concombre, d'artichaut et de mozzarella.
Pèle et hache finement l'échalote.
Mets la salade, le concombre, l'artichaut, la mozzarella et l'échalote dans un saladier.
Ajoute l'huile, le vinaigre, la levure, le gomasio, les graines de tournesol, le sel et le poivre.
Mélange.
C'est prêt !

Petit bonus de fée :
Cette salade s'accompagne parfaitement de semoule, de pâtes, d'une pizza maison ou de riz.

C'EST L'HEURE D'UN SMOOTHIE JAUNE !

Pour 1 personne.

1 yaourt nature
1 mangue fraîche ou surgelée
1 banane surgelée (elle a été mise au congélateur coupée en tranches)
5 noix de cajou (ayant trempé au moins 4 heures dans l'eau, si possible)
3 dattes dénoyautées OU 1 cuiller à café de sucre de canne
5 baies de goji séchées (facultatif)
20 cl de lait de coco
1 cuiller à soupe de flocons d'avoine

Pèle la mangue. Coupe-la en morceaux.
Sors les tranches de banane du congélateur.
Mets les fruits dans un blender.
Ajoute le lait de coco, le yaourt, les dattes dénoyautées, les flocons d'avoine, les noix de cajou et les baies de goji.
Mixe à la vitesse maximale pendant une longue minute.
Ce smoothie est un petit-déjeuner idéal, mais aussi un goûter parfait.
Il peut même remplacer un repas si tu as envie de manger léger.

Petits bonus de fée :
Il existe des pailles en inox réutilisables !
Les flocons d'avoine sont riches en fer, en calcium et en magnésium.
Ces flocons facilitent l'élimination des toxines de l'organisme.

« LAIT D'OR » CHAUD.
Pour 1 personne.

Le lait d'or est une boisson quasi miraculeuse du point de vue des bienfaits pour le corps !
Le curcuma qu'elle contient est un ingrédient qui contribue à la prévention des cancers.
Le lait d'or se fait en deux étapes : d'abord, la pâte de curcuma qui se conserve plusieurs semaines dans le réfrigérateur. Ensuite, le lait d'or, à partir d'une cuiller à café de cette pâte de curcuma.

Pâte de curcuma :
1/4 de tasse de curcuma en poudre
1/2 cuiller à café de poivre noir moulu
1/2 tasse d'eau

Mets les trois ingrédients dans une petite casserole et fais-les cuire à feu doux. Mélange sans cesse jusqu'à ce que la préparation s'épaississe.
Quand la pâte a pris une consistance plus épaisse, retire la casserole du feu.
Dès que la pâte est refroidie, transvase-la dans un bocal en verre pour la conserver au réfrigérateur.

Lait d'or :
1 tasse de lait d'amande ou de lait de coco
Miel, sirop d'érable, sirop d'agave **OU** sucre roux
1 cuiller à café d'huile de coco
1/2 cuiller à café de pâte de curcuma

Dans une petite casserole, verse le lait, le miel, l'huile de coco et la pâte de curcuma. Fais cuire à feu doux pour réchauffer la préparation.
Mélange régulièrement durant la cuisson.
Cette boisson chaude est idéale pour finir la journée, en guise de dessert léger. Elle peut aussi servir de goûter ou de petit-déjeuner.

ÇA TE DIT DE MANGER UNE **BANANE** ?

Ce fruit est riche en magnésium, en vitamine B9 et en potassium !
Croque-la ou écrase-la avec un peu de citron, de sucre roux
et quelques framboises en guise de décoration ?
Ou alors, coupe-la en deux dans le sens de la longueur,
fais fondre 4 carrés de chocolat au bain-marie
et verse-le sur les bananes.
Puis saupoudre de noix de coco râpée.

JAUNE

Recette d'une Assiette Jaune !

Compose-toi une assiette avec des aliments de couleur jaune :
Une poire. Des figues fraîches ou sèches. Des tomates cerises jaunes.
Une poignée de graines germées de moutarde ou de fenugrec.
Du tofu mariné dans un peu d'huile de colza et de curry.

<u>Vinaigrette « banane, moutarde et citron »</u> :
1 banane (la plus mûre possible, même noire !)
1/2 citron
4 cuillers à soupe d'huile de colza
1 cuiller à soupe de purée de sésame (disponible dans les magasins bio)
1 cuiller à café de moutarde
Sel et poivre aux 5 baies

Dans un bol, réduis la banane en purée. Presse le demi-citron.
Ajoute la moutarde, le jus de citron, la tartinade de sésame, l'huile, le sel et le poivre. Mélange énergiquement.
Si besoin, ajoute un peu d'eau pour rendre la consistance plus liquide.

<u>Boulgour aux poivrons jaunes</u> :
Pour 2 personnes.

1 poivron jaune
1 oignon
1 gousse d'ail
1 pincée de cumin
1 pincée de curry
100 gr de boulgour (blé concassé)
2 cuillers à soupe d'huile d'olive
Sel de mer

Pèle l'ail et l'oignon, puis hache-les finement.
Coupe le poivron en petits dés.
Mets l'huile dans une grande poêle et fais-la chauffer à feu moyen.
Fais rissoler l'ail, l'oignon et le poivron pendant quelques minutes.
Ajoute le boulgour et arrose-le d'eau pour le couvrir entièrement.
Sale puis saupoudre de cumin et de curry. Mélange et vérifie régulièrement la cuisson.

Aujourd'hui, qu'importe ce que tu décideras de manger,

l'important est ce qui entrera par tes oreilles : **MOZART** !

Ton corps aspire aux hautes vibrations de sa musique magnifique.

BOIS UN GRAND VERRE D'EAU CITRONNÉE FRAÎCHE !

Ajoute quelques gouttes de citron pressé
dans un verre d'eau froide.
Été comme hiver, cette petite dose de vitamine C
te fera le plus grand bien.

Petit bonus de fée :
Et pour commencer ta journée, tu peux aussi mettre
un peu de citron dans un verre d'eau chaude.
Boire de l'eau chaude à jeun aide à se purifier des toxines
et à réveiller ton système digestif.

Tofu et courgettes aux graines germées de **fenugrec**.
Pour 4 personnes.

4 courgettes
2 oignons
1 gousse d'ail
1 cm de gingembre frais
1 poignée de graines germées de fenugrec (ou d'autres graines germées)
250 gr de tofu
4 cuillers à soupe d'huile d'olive
1 cuiller à soupe de graines de courge
1 cuiller à soupe de sauce soja
1 cuiller à café de curry
1 cuiller à café de paprika
1/2 cuiller à café de curcuma
Sel et poivre aux 5 baies

Pèle et coupe finement les oignons et l'ail.
Épluche les courgettes et coupe-les en rondelles.
Chauffe l'huile dans une poêle.
Pèle le gingembre et râpe-le.
Fais rissoler le gingembre, l'ail, les courgettes, les oignons et la sauce soja.
Saupoudre de paprika, de curry, de curcuma, de sel et de poivre.
Mélange et vérifie régulièrement la cuisson.
Coupe le tofu en dés de 2 cm.
Ajoute-le dans la poêle.
Mélange.
Quand les courgettes sont fondantes, retire la poêle du feu.
Ajoute les graines de courge.
Et garde les graines germées de fenugrec pour décorer chaque assiette.
Ce plat est à servir accompagné de riz cuit avec une cuiller à soupe d'huile de coco. Ou avec des nouilles chinoises.

Soupe de nouilles chinoises au **poivron jaune**.
Pour 1 personne.

1 sachet individuel (85 gr) de nouilles chinoises (au blé ou au riz)
1/2 échalote
1 poivron jaune
1 cm de gingembre frais
1 feuille de citron kaffir ou feuille de combava (disponible surgelée ou fraîche dans les magasins asiatiques)
1 demi-bâton de cannelle
1 étoile de badiane
1 clou de girofle
4 cuillers à soupe de coulis de tomates
1 cuiller à soupe de sauce soja
1 cuiller à soupe d'huile de sésame
1/2 cuiller à café de chlorelle (disponible dans les magasins bio)
1/4 cuiller à café de curcuma
Sel et poivre aux 5 baies

Pèle le gingembre et coupe-le en quatre.
Coupe le poivron en petits cubes.
Pèle l'échalote et émince-la.
Verse 75 cl d'eau dans une casserole. Couvre la casserole et fais-la chauffer sur feu fort.
Mets le poivron, l'échalote, le gingembre, la feuille de citronnelle, la cannelle, la badiane, le clou de girofle dans la casserole.
Laisse mijoter environ 5 minutes.
Quand l'eau bout, ajoute le coulis de tomates, la sauce soja, l'huile de sésame, la chlorelle, le curcuma, le sel et le poivre.
Laisse encore cuire quelques minutes.
Dans une seconde casserole, verse 60 cl d'eau, couvre la casserole et fais-la chauffer à feu fort. Quand l'eau bout, plonge les nouilles dans l'eau, ajoute une pincée de sel.
Fais cuire quelques minutes. Dès qu'elles sont devenues molles, égoutte-les. Place les nouilles dans un grand bol et couvre-les pour les maintenir au chaud. Arrose le tout du bouillon au poivron.

Palets de **pommes de terre** au **curcuma**.
Pour 4 personnes.

2 œufs
1 gousse d'ail
750 gr de pommes de terre
350 gr d'épinards frais ou 250 gr d'épinards surgelés
2 cuillers à soupe de lait
1 cuiller à soupe de farine
1 cuiller à soupe d'huile d'olive
1/2 cuiller à café de curcuma
1/2 cuiller à café de curry
1/2 cuiller à café de paprika
Sel et poivre aux 5 baies

Pèle les pommes de terre et mets-les à cuire dans une casserole remplie d'eau salée.
Quand elles sont cuites, égoutte-les et laisse-les tiédir.
Épluche et hache finement la gousse d'ail.
Lave et hache les épinards frais OU décongèle les épinards surgelés et presse-les pour en retirer l'eau.
Réduis les pommes de terre en purée.
Ajoute les épinards, l'ail haché, les œufs, le lait, la farine, l'huile, le curcuma, le curry, le paprika, le sel et le poivre.
Mélange la préparation.
Cette purée doit être assez compacte.
Mets de l'huile dans une grande poêle et fais-la chauffer à feu moyen.
Avec les mains, réalise des petites galettes de purée, de la taille d'une paume.
Au fur et à mesure, cuis-les environ 2 minutes de chaque côté puis dispose-les dans un plat de présentation.
Ces palets de pommes de terre accompagnent parfaitement un plat de poivrons farcis, de lentilles aux oignons ou une salade de pois chiches.

Une micro dose d'**huile essentielle de citron**

te fera le plus grand bien !

Prends une cuiller à soupe de miel et
ajoute **une seule goutte** d'huile essentielle de citron.

Mélange ce miel parfumé dans une tasse d'eau chaude ou une tisane.
Tu peux aussi verser une goutte d'huile essentielle sur le sachet de thé
ou de tisane juste avant de le tremper dans l'eau bouillante.

Petit bonus de fée :
L'huile essentielle de citron est bénéfique pour le système digestif.

Information importante :
Il est fortement déconseillé aux femmes enceintes et aux enfants
de moins de 6 ans de consommer des huiles essentielles.

Pois chiches au curry.

Pour 5 personnes.

2 courgettes
2 oranges
2 oignons
2 gousses d'ail
1 cm de gingembre frais
4 brins de coriandre fraîche
1/2 cuiller à café de coriandre en poudre
500 gr de pois chiches cuits
4 cuillers à soupe d'huile d'olive
2 cuillers à soupe de raisins secs
1 cuiller à café de curry
1/2 cuiller à café de curcuma
1/2 cuiller à café de paprika
Sel et poivre aux 5 baies

Tranche les courgettes en petits dés.
Pèle et hache finement les oignons et l'ail.
Pèle et coupe le gingembre en quatre gros morceaux.
Hache grossièrement les feuilles de coriandre.
Verse l'huile dans une casserole, mets-la à chauffer à feu doux.
Ajoute les oignons, l'ail et le gingembre. Laisse rissoler quelques minutes en remuant.
Ajoute les courgettes, les pois chiches (déjà cuits), la coriandre fraîche, la coriandre en poudre, le curry, le curcuma, le paprika, le sel et le poivre.
Mélange bien.
Presse les oranges. Verse leur jus sur les pois chiches.
Laisse mijoter 15 minutes environ.
Mélange et vérifie régulièrement la cuisson.

JAUNE

Tarte meringuée au citron et au basilic.

<u>La pâte sablée :</u>
Voir ingrédients et recette p. 122.

<u>La garniture :</u>
3 gros citrons issus de l'agriculture bio (pour le jus et le zeste)
3 œufs
120 gr de sucre roux pour **la meringue**
140 gr de sucre roux pour **la crème au citron**
90 gr de beurre doux
4 feuilles de basilic fraîches (ou de verveine ou du romarin)
2 cuillers à soupe de maïzena

Saupoudre de farine ton plan de travail. Étale la pâte avec un rouleau à pâtisserie afin qu'elle ait environ ½ cm d'épaisseur.
Mets-la dans un moule à tarte beurré et perce-la de petits trous avec une fourchette. Recouvre-la de pois chiche secs pour qu'elle ne gonfle pas.
Place la tarte au four durant environ 25 minutes à 180°C.
Pour la garniture, sépare les blancs et les jaunes d'œufs.
Mets le sucre et les jaunes dans une casserole. Fouette jusqu'à ce que le mélange blanchisse.
Râpe le zeste puis presse les citrons. Ajoute la maïzena, deux cuillers à soupe d'eau, le zeste et le jus dans la casserole avec les jaunes d'œufs sucrés. Mélange.
Allume le gaz sur feu doux et remue jusqu'à ce que le mélange s'épaississe. Ajoute le beurre et mélange avec une cuiller en bois.
Quand le beurre est parfaitement intégré, retire la casserole du feu.
Hache finement les feuilles de basilic et incorpore-les dans la crème au citron.
Sors la tarte du four, retire les pois chiche et verse la crème au citron sur la pâte cuite.
Monte les blancs d'œufs en neige. Ajoute progressivement le sucre dans la meringue et continue de la battre au fouet électrique.
Répands uniformément la meringue sucrée sur la tarte au citron.
Place la tarte quelques minutes sous le grill du four afin de faire dorer la meringue. Quand la tarte est refroidie, place-la au réfrigérateur durant au moins une heure.

Un épis de **maïs** grillé ou quelques grains frais
ou en boîte te feraient le plus grand bien.

Tu peux aussi consommer du maïs sous forme de polenta,
de galettes, de fajita, d'huile de maïs pour assaisonner ton plat
ou de pain à base de farine de maïs, par exemple.

Petit bonus de fée :
Le maïs est riche en antioxydant !

JAUNE

Smoothie bowl à la **pêche** et à la **banane**.
Pour 1 personne.

<u>Le smoothie :</u>
1 banane surgelée (elle a été mise au congélateur coupée en tranches)
2 pêches fraîches OU au sirop
1/2 citron
5 noix de cajou (ayant trempé au moins 4 heures dans l'eau, si possible)
3 dattes dénoyautées OU 1 cuiller à café de sucre de canne
5 baies de goji séchées (facultatif)
5 cl de lait d'amande
1 cuiller à soupe de flocons d'avoine

<u>Le topping :</u>
2 tranches d'ananas
6 framboises fraîches ou surgelées
1 cuiller à soupe de graines de chia
1/2 mangue fraîche ou surgelée
1 cuiller à soupe bombée de granola

Presse le demi-citron.
Mets les tranches de banane, les pêches, le lait d'amande, le jus de citron, les noix de cajou, les dattes, les flocons d'avoine et les baies de goji dans un blender et mixe pendant quelques minutes.
Verse le smoothie dans un grand bol.
Coupe l'ananas en petits morceaux et place-les sur le smoothie, en une ligne horizontale.
Tranche la demi-mangue en petits dés et dispose-les à droite de l'ananas.
Répands les graines de chia à droite de la mangue.
Dispose une bande de granola à gauche de l'ananas.
Coupe les framboises en deux ou trois et place-les à gauche du granola.
Ce smoothie bowl se mange à la cuiller.
Il représente un petit-déjeuner idéal, mais aussi un goûter parfait.
Il peut même remplacer un repas si tu as envie de manger léger.

Tartinade aux **poivrons jaunes**.

Pour 4 personnes.

La tartinade :

2 poivrons jaunes
1 oignon
1 gousse d'ail
50 gr de noix de cajou
2 cuillers à soupe d'huile d'olive
1 cuiller à soupe de sauce soja
1 cuiller à café de vinaigre balsamique
1 cuiller à café de paprika
Sel et poivre aux 5 baies

Coupe les poivrons en morceaux.
Pèle l'ail et l'oignon. Tranche-les grossièrement.
Verse l'huile dans une poêle, fais-la chauffer sur feu moyen.
Ajoute les poivrons, l'ail et l'oignon. Mélange en faisant rissoler.
Ajoute le paprika, la sauce soja, le sel et le poivre.
Laisse cuire 15 minutes environ, jusqu'à ce que les poivrons soient tendres.
Place cette préparation dans un blender. Ajoute les noix de cajou. Mixe pendant plusieurs minutes.
Quand la consistance est onctueuse, place au réfrigérateur pendant 1 heure minimum.

JAUNE

Galettes de **pommes de terre**.

Pour 5 personnes.

2 oignons
2 œufs
1 gousse d'ail
10 brins de ciboulette (facultatif)
1 kg de pommes de terre
3 cuillers à soupe d'huile d'olive
3 cuillers à soupe de farine
1 cuiller à café de paprika
Sel de mer
Poivre aux 5 baies

Pèle et râpe finement les pommes de terre et les oignons.
Ôte le surplus d'eau en les écrasant avec les mains.
Épluche l'ail et hache-le finement.
Lave et hache finement la ciboulette.
Mets les pommes de terre, les oignons et l'ail dans un saladier.
Ajoute l'œuf, le paprika, le sel et le poivre.
Mélange la préparation.
Réalise des galettes épaisses d'environ 1 cm.
Verse l'huile dans la poêle et fais cuire les galettes 10 minutes environ de chaque côté.
Bonne dégustation !

Les véritables recettes de Grand-Mère :
« Kletskops », **biscuits sablés** croquants et fondants.

Pour 6 personnes.

Les biscuits :

300 gr de farine
250 gr de beurre
250 gr de sucre roux
2 sachets de 10 gr de sucre vanillé

À l'aide d'une cuiller en bois, mélange le beurre, le sucre roux et le sucre vanillé jusqu'à obtenir une consistance crémeuse.
Ajoute petit à petit la farine tamisée.
Sur la plaque du four recouverte de papier sulfurisé, étale la pâte avec les doigts en une couche très fine d'environ 1/2 cm d'épaisseur.
Place la plaque au four à 240°C.
Cuis 10 minutes environ. Vérifie régulièrement et sors la plaque du four dès que la pâte est dorée.
Découpe <u>directement</u> la pâte en carrés de 3 cm sur 3.
Décolle sans attendre les carrés et mets-les sur une grille pour les refroidir.
S'ils ne se décollent pas facilement, tu peux les remettre au four quelques instants.
Si les biscuits du bord sont plus dorés, tu peux les enlever et remettre la plaque au four pour prolonger la cuisson des biscuits du centre.

La crème au beurre :

50 gr de beurre
40 gr de sucre glace

Dans un bol, mélange le beurre et le sucre glace avec une cuiller en bois jusqu'à obtenir l'aspect d'une pâte à tartiner.
Étale cette crème sur un biscuit refroidi et recouvre d'un second biscuit.
À consommer tout de suite si tu veux, mais les kletskops sont encore meilleurs le lendemain !

JAUNE

Strudel aux **pommes** Golden.
Pour 4 personnes.

6 feuilles de brick OU 1 pâte feuilletée
10 noix
5 pommes Golden
2 sachets de sucre vanillé
50 gr de sucre roux
60 gr de margarine végétale
2 cuillers à soupe de poudre d'amande
2 cuillers à soupe d'amandes effilées
1 cuiller à café de cannelle
Sucre glace

Pèle et coupe les pommes en petits dés d'environ 1 cm.
Mélange le sucre roux et le sucre vanillé dans un bol.
Mets la margarine dans une casserole et fais-la fondre à feu très doux.
Étends une feuille de brick sur le papier sulfurisé de la plaque du four.
Enduis-la d'un peu de margarine fondue. Saupoudre des deux sucres.
Et renouvelle cette opération pour les autres feuilles de brick.
Si tu utilises la pâte feuilletée, fais la même opération une seule fois sur le dessus de la pâte.
Sors les noix de leur coquille et concasse-les à l'aide d'un pilon.
Ajoute la cannelle et la poudre d'amande dans le bol des deux sucres et mélange.
Dépose les cubes de pommes en une grosse bande au centre de la dernière feuille de brick.
Laisse de la pâte apparente au-dessus et en dessous de cette bande.
Saupoudre du mélange cannelle, poudre d'amande et sucres.
Disperse les noix concassées et les amandes effilées sur les pommes.
Referme les feuilles de brick par-dessus les pommes. Tu peux aussi maintenir les feuilles fermées en enroulant le papier sulfurisé.
Enfourne pendant environ 30 min à 180°C.
Quand le strudel est cuit, laisse-le refroidir et saupoudre-le d'un peu de sucre glace.
Ce dessert peut se manger tiède ou froid.

Pain perdu *Magique* du Petit Poucet.

Pour 4 personnes.

10 tranches de pain sec
2 œufs
Quelques gouttes d'extrait de vanille
Huile de tournesol
Sucre roux, cassonade brune, crème de marrons ou confitures pour la garniture
20 cl de lait (végétal ou non)

Dans un saladier, mélange les œufs et le lait.
Ajoute quelques gouttes d'extrait de vanille.
Mets une partie de la préparation dans une assiette creuse.
Prends une poêle et mets-la sur le feu avec un filet d'huile.
Quand la poêle est bien chaude, trempe une tranche de pain dans l'assiette.
Humidifie les deux côtés et dépose la tranche dans la poêle.
À feu moyen, fais rissoler environ deux minutes de chaque côté.
Quand le pain perdu prend une belle couleur dorée, retire-le du feu.
Dispose la tranche dans une assiette et saupoudre de sucre roux, de confiture ou de crème de marrons.
À déguster sans attendre !

Petit bonus de fée :
Ce dessert est idéal pour éviter le gaspillage alimentaire.
Car, même sec, le pain peut encore être délicieux !

JAUNE

Carpaccio d'**ananas** frais et sa boule coco.

Pour 4 personnes.

1 ananas
2 jaunes d'œufs
100 gr de sucre roux
50 gr de noix de coco râpée
40 cl de lait de coco
20 cl de crème liquide
10 cl d'eau

Pèle l'ananas et place-le au congélateur <u>pendant 1 heure</u>.
Mets le lait de coco et l'eau dans une casserole. Fais chauffer à feu doux.
Dans un saladier, mélange la noix de coco râpée, le sucre et les jaunes d'œufs. Mélange jusqu'à ce que la préparation mousse et blanchisse.
Verse au fur et à mesure le lait de coco bouillant dans le saladier de noix de coco et d'œufs.
Mets cette préparation dans la casserole et refais-la chauffer à petit feu. Remue constamment avec une cuiller en bois.
Quand la crème nappe la cuiller, ajoute la crème liquide. Mélange.
Laisse refroidir avant de mettre la préparation dans une sorbetière OU sans sorbetière, place-la au congélateur dans un récipient assez grand et veille à mélanger la glace toutes les 30 minutes pendant environ 2 heures.
Au moment de servir, sors l'ananas congelé et coupe des tranches très fines (1/2 cm)
Dispose deux tranches dans chaque assiette et place une boule de glace coco dessus.
Ferme les yeux, tu es en vacances dans les îles !

Tarte chocolat et **banane**.
Pour 6 personnes.

La pâte sablée :

1 œuf
1 pincée de sel
250 gr de farine
140 gr de beurre
100 gr de sucre roux

La garniture :

2 bananes
200 gr de chocolat noir
20 cl de crème liquide

Casse l'œuf dans un saladier. Ajoute le sucre et le sel.
Fouette énergiquement jusqu'à ce que le mélange blanchisse.
Ajoute, petit à petit, la farine tamisée. Malaxe avec les mains.
Ajoute le beurre ramolli dans la préparation.
Malaxe jusqu'à ce que la pâte soit bien homogène.
Place cette boule dans un grand bol recouvert d'une assiette.
Laisse-la reposer pendant 1 heure au réfrigérateur.
Saupoudre de farine ta surface de travail. Étale la pâte avec un rouleau à pâtisserie afin qu'elle ait environ ½ cm d'épaisseur.
Mets-la dans un moule à tarte et perce de petits trous avec une fourchette. Tu peux ajouter des pois chiches pour qu'elle ne gonfle pas en cuisant à blanc.
Laisse-la au four pendant 20 minutes environ à 180°C.
Quand elle est cuite, fais fondre le chocolat au bain-marie et ajoute la crème liquide. Mélange.
Tranche les bananes en rondelles.
Dispose-les uniformément sur le fond de tarte.
Verse le chocolat fondu sur les bananes.
Mets la tarte au frais pendant au moins 2 heures.

Chou chinois et sa crème de coco au **gingembre**.

Pour 5 personnes.

1 chou chinois
1 tige de citronnelle (facultatif)
2 cm de gingembre frais
40 cl de crème de coco
2 cuillers à soupe d'huile de sésame
1 cuiller à soupe de graines de sésame
1 cuiller à soupe de sauce soja
1 cuiller à café de curry
1/2 cuiller à café de curcuma
Sel et poivre aux 5 baies

Pèle et râpe le gingembre.
Coupe le bâton de citronnelle en quatre morceaux.
Lave le chou chinois.
Tranche-le en lamelles de 1 cm.
Verse l'huile de sésame dans une grande casserole et mets-la à chauffer sur feu moyen.
Ajoute le chou et le gingembre râpé. Mélange.
Ferme avec le couvercle et remue régulièrement afin que le chou ne colle pas.
Au bout de 10 minutes de cuisson, ajoute la crème de coco, la citronnelle, la sauce soja, le curcuma, le curry, les graines de sésame, le sel et le poivre.
Mélange et vérifie régulièrement la cuisson.
Quand le chou est fondant, le plat est prêt à être dégusté !

Petit bonus de fée :
Ce chou à la crème de coco se déguste avec du riz. Pendant sa cuisson, tu peux ajouter une pincée de curry ou de curcuma pour donner au riz une belle couleur dorée.

C'EST L'HEURE D'UN SMOOTHIE ORANGE !

Pour 1 personne.

1 carotte
2 oranges
1/2 citron
1 fine lamelle de gingembre frais
5 noix de cajou (ayant trempé au moins 4 heures dans l'eau, si possible)
3 dattes dénoyautées OU 1 cuiller à café de sucre de canne
5 baies de goji séchées (facultatif)
3 cuillers à soupe de jus de pomme OU 1/2 pomme
1 cuiller à soupe de flocons d'avoine

Pèle la carotte. Tranche-la en rondelles très fines.
Épluche la demi-pomme, enlève le trognon et coupe-la en petits cubes.
Presse les oranges et le demi-citron.
Mets leur jus dans le blender, avec les carottes, le gingembre, la pomme (ou jus de pomme), les noix de cajou, les baies de goji, les dattes dénoyautées et les flocons d'avoine.
Mixe plusieurs minutes jusqu'à ce que la consistance soit bien homogène.
Selon tes goûts, tu peux ajouter un peu d'eau pour rendre le smoothie plus liquide.
Ce smoothie est un petit-déjeuner idéal, mais aussi un goûter parfait.
Il peut même remplacer un repas si tu as envie de manger léger.

Petits bonus de fée :
Il existe des pailles en inox réutilisables !
Les baies de goji font partie des superaliments. Avec une dose minime, les apports nutritifs sont énormes.

ORANGE

Cari gratiné de **patates douces**.

Pour 4 personnes.

2 oignons
1 gousse d'ail
Gruyère
1 kg de patates douces
5 cl de lait d'amande
2 cuillers à soupe d'huile d'olive.
1/2 cuiller à café de curry
1/2 cuiller à café de paprika
1/2 cuiller à café de curcuma
Sel et poivre aux 5 baies

Pèle les patates douces et coupe-les en gros morceaux.
Remplis une casserole d'eau aux trois quarts, mets les patates douces dedans et fais cuire pendant 20 minutes environ.
Épluche les oignons et l'ail. Émince-les finement.
Verse l'huile dans une poêle. Place-la sur feu moyen.
Fais rissoler les oignons et l'ail.
Quand les patates douces sont fondantes, ajoute-les dans la poêle.
Dès que les oignons sont bien dorés, sors la poêle du feu et écrase la préparation à l'aide d'un presse-purée.
Ajoute le lait d'amande, le curry, le paprika, le curcuma, le sel et le poivre.
Mélange, puis dispose la purée dans un plat à gratin.
Recouvre de gruyère et place le plat sous le gril durant environ 5 minutes.

Petit bonus de fée :
Ce gratin s'accompagne volontiers de steaks de pois chiches ou de galettes de haricots rouges.

Potimarron farci.
Pour 5 personnes.

1 potimarron
8 pruneaux d'Agen
2 gousses d'ail
250 gr de pois chiches cuits
150 gr de feta
20 cl de crème liquide de noix de coco (ou de soja)
2 cuillers à soupe de sauce soja
1 cuiller à soupe d'huile d'olive
1 cuiller à café de curry
1 cuiller à café de paprika
1 cuiller à café de curcuma
Sel et poivre aux 5 baies

Coupe le potimarron en deux horizontalement.
Ôte les graines. Tu n'as pas besoin d'éplucher le potimarron, la peau se mange.
Épluche l'ail et hache-le finement.
Dispose les pois chiches déjà cuits dans un plat pour les écraser grossièrement.
Ôte les noyaux des pruneaux et coupe-les en petits morceaux.
Émiette la feta.
Mets la feta, les pois chiches, les pruneaux et l'ail dans un saladier.
Ajoute la crème liquide, la sauce soja, l'huile d'olive et les épices.
Mélange la farce, puis répartis-la dans les deux moitiés du potimarron.
Place-les dans un plat à gratin.
Verse 20 cl d'eau dans le plat, afin que le potimarron ne brûle pas. Cela accélérera aussi la cuisson.
Place le plat au four à 200°C durant environ 1 heure.
Vérifie régulièrement la cuisson.
Enfonce la lame d'un couteau pour voir si le potimarron est devenu tendre.

Soupe *Magique* de **citrouille**.
Recette de notre chère Cendrillon.

Pour 6 personnes.

2 oignons
2 gousses d'ail
1 bouquet garni (thym, laurier, persil)
1 kg de citrouille
1 litre d'eau environ
20 cl de crème liquide de noix de coco (ou de soja)
2 cuillers à soupe de sauce soja
1 cube de bouillon de légumes
Poivre aux 5 baies

Pèle et découpe la citrouille en morceaux.
Épluche les oignons et l'ail. Coupe-les grossièrement.
Mets la citrouille, les oignons et l'ail dans une casserole avec un filet d'huile d'olive pour les faire rissoler.
Quand ils ont pris une belle couleur dorée, ajoute l'eau, la sauce soja, le bouillon de légumes, le bouquet garni et le poivre.
Fais cuire la préparation avec un couvercle durant 20 minutes environ.
Dès que la citrouille est fondante, retire du feu.
Ajoute la crème liquide et mixe la soupe.
Rajoute un peu d'eau si nécessaire pour une consistance moins épaisse.
C'est prêt !

Petite vidéo pour les curieux :
Cette recette est disponible gratuitement en vidéo sur ma chaîne « Je suis le fil rouge ».
Il te suffit de taper « recette soupe citrouille Cendrillon » dans le moteur de recherche de Youtube et tu pourras la visionner.

Et si tu mangeais une orange ou buvais un jus d'orange

en écoutant **Johann Sebastian Bach** !

Cette musique ravirait ton esprit et les vitamines offertes

par l'orange seraient d'autant mieux assimilées…

ORANGE

Carottes braisées à l'orange.

Pour 4 personnes.

2 oignons
2 oranges
1 kg de carottes
2 cuillers à soupe d'huile d'olive
2 cuillers à soupe de sauce soja
1 cuiller à soupe de graines de sésame
1/2 cuiller à café de curry
1/2 cuiller à café de paprika
1/2 cuiller à café de curcuma
Sel et poivre aux 5 baies

Pèle les carottes et coupe-les en bâtonnets.
Épluche les oignons. Tranche-les en fines rondelles.
Mets l'huile dans une casserole et fais-la chauffer à feu doux.
Ajoute les carottes, les oignons, les graines de sésame, la sauce soja, l'eau, le sel et le poivre.
Presse les deux oranges.
Verse leur jus dans la casserole.
Mélange et referme la casserole avec le couvercle.
Laisse mijoter pendant environ 30 minutes jusqu'à ce que les carottes soient fondantes.
Remue et vérifie tout au long de la cuisson.
Ajoute un peu d'eau si nécessaire afin que les légumes n'accrochent pas.

Petit bonus de fée :
Ce plat sera délicieux accompagné de semoule ou de riz parfumé à l'huile de coco.

Nouilles chinoises aux poivrons oranges.

Pour 4 personnes.

4 poivrons oranges
2 oignons
10 champignons noirs chinois séchés
1/2 citron
5 ou 6 brins de coriandre fraîche
250 gr de vermicelles de riz
5 cuillers à soupe d'huile d'olive
2 cuillers à soupe de sauce soja
2 cuillers à soupe de sirop d'érable
1 cuiller à soupe de graines de sésame
Sel et poivre aux 5 baies

Fais tremper les champignons noirs dans un saladier d'eau pendant minimum 4 heures.
Émince les poivrons en lamelles.
Pèle et coupe les oignons en fines rondelles.
Égoutte les champignons noirs réhydratés. Coupe-les en tranches.
Verse un filet d'huile dans une poêle et fais rissoler les oignons, les champignons et les poivrons.
Arrose d'un peu d'eau pour que les légumes soient toujours humides.
Poursuis la cuisson jusqu'à ce que les poivrons soient fondants.
Mets les vermicelles dans un saladier et fais chauffer un litre d'eau.
Quand l'eau bout, verse-la sur les vermicelles.
Dès que les vermicelles sont mous (c'est très rapide), égoutte-les.
Ensuite fais couler l'eau froide du robinet sur les pâtes. Égoutte-les encore une fois.
Nettoie la coriandre et hache les feuilles.
Presse le citron. Verse le jus dans un bol.
Ajoute la coriandre, l'huile, le sésame, la sauce soja, le sirop d'érable, le sel et le poivre. Mélange.
Juste avant de servir, mets les nouilles dans la poêle avec les poivrons.
Arrose de la sauce et laisse mijoter quelques minutes.
Bon appétit !

ORANGE

BOIS UN GRAND VERRE D'EAU CHAUDE CITRONNÉE !

Petit bonus de fée :
Pour commencer ta journée,
tu peux mettre un peu de citron dans un verre d'eau chaude.
Boire de l'eau chaude à jeun aide à se purifier des toxines
et à réveiller ton système digestif.

Buddha Bowl aigre-doux à la mangue.

Pour 1 personne.

1/2 avocat
1/2 mangue
1 tomate
1 oignon vert
3 brins de coriandre fraîche
1/2 cm de gingembre frais
125 gr de riz
2 cuillers à soupe d'huile d'olive
1 cuiller à soupe de sauce soja
2 cuillers à café de vinaigre de cidre
1 cuiller à café de sirop d'érable
1/2 cuiller à café de graines de sésame
1/2 cuiller à café de gomasio (mélange de sésame et de sel, disponible en magasins bio)
1/2 cuiller à café de levure maltée (disponible au rayon diététique)
Sel et poivre aux 5 baies

Fais cuire le riz comme indiqué sur le paquet.
Pèle et râpe le gingembre.
Hache les feuilles de coriandre.
Hache finement l'oignon vert.
Dans un bol, mélange l'huile, la sauce soja, le vinaigre, le sirop d'érable, la coriandre, le sésame, le gomasio, la levure, le sel et le poivre.
Pèle l'avocat et la mangue. Coupe-les en petits cubes.
Tranche la tomate en petits morceaux.
Quand le riz est cuit, dispose-le dans le fond d'un large bol.
Dispose la mangue sur un tiers de riz.
Sur l'autre tiers, place l'avocat. Et sur le dernier tiers, mets les tomates.
Répands les oignons hachés sur le Buddha Bowl.
Saupoudre ensuite la quantité souhaitée d'algue nori.
Et arrose de sauce gingembre/sirop d'érable/sésame.

Recette d'une **Assiette Orange** !
Pour 1 personne.

Compose-toi une assiette avec des aliments de couleur orange :
Un tartare de poivrons et de carottes (recette ci-dessous),
Du riz au paprika (recette page d'après),
Des lamelles de mangue fraîche et du tofu.

Tartare de poivrons et carottes :

1 poivron orange
1 carotte
1 avocat
1 tomate
1/2 citron
1/2 oignon vert (ou ½ échalote)
1 poignée de graines germées
Quelques brins de persil
3 cuillers à soupe d'huile d'olive
1 cuiller à soupe de raisins secs
1 cuiller à soupe de vinaigre de cidre
1 cuiller à café de moutarde
1 cuiller à café de sirop d'érable
Sel et poivre aux 5 baies

Coupe la tomate, l'avocat et le poivron en petits dés.
Pèle et râpe la carotte.
Mélange la carotte, la tomate, l'avocat et le poivron dans un saladier.
Ajoute l'oignon vert haché, les raisins secs, les graines germées et le persil haché.
Presse le demi-citron. Fais une sauce vinaigrette en mélangeant le jus de citron, le vinaigre, l'huile, la moutarde, le sirop d'érable, le sel et le poivre. Mélange énergiquement.
Verse la vinaigrette dans le saladier avec tous les autres ingrédients.
Mélange et sers tout de suite.

Riz au **paprika**.

Pour 4 personnes.

2 oignons
1 gousse d'ail
7 brins de coriandre fraîche (facultatif)
400 gr de riz
2 cuillers à soupe d'huile d'olive
1 cuiller à soupe de sauce soja
1 cuiller à café bombée de paprika
1/2 cuiller à café de curry
Sel et poivre aux 5 baies

Mets le riz dans un récipient pour en connaître le volume. Ainsi tu pourras utiliser ce même récipient pour connaître la quantité d'eau nécessaire à la cuisson du riz. Pour un volume de riz, il faudra deux volumes d'eau.
Pèle et émince les oignons.
Épluche l'ail et hache-le finement.
Verse l'huile dans une casserole.
Fais rissoler les oignons et l'ail en remuant.
Quand ils sont dorés, ajoute le riz, l'eau, le paprika, le curry, la sauce soja, le sel et le poivre.
Ferme le couvercle et laisse cuire 20 minutes environ à feu doux.
Vérifie et mélange régulièrement lors de la cuisson.
Dès que le riz a absorbé toute l'eau et qu'il est bien tendre, retire la casserole du feu.
Si le riz n'est pas encore cuit, mais que l'eau s'est évaporée, rajoute un peu d'eau.
Hache finement la coriandre et incorpore-la au riz.
C'est prêt !

ORANGE

Makis aux graines germées de **lentilles corail** et **carottes**.

Pour 4 personnes.

Le riz :

3 verres de riz rond à sushi
5 cuillers à soupe de vinaigre de riz (ou de vinaigre de cidre)
4 cuillers à soupe de sucre roux
1 cuiller à café de sel

Les makis :

8 feuilles d'algues nori séchées
2 carottes
1/2 concombre
1 oignon vert
1 poignée de cacahuètes décortiquées
1 poignée de graines germées de lentilles corail (ou autres graines germées)

La sauce :

1/2 citron
2 cuillers à soupe d'huile d'olive
1 cuiller à soupe de sirop d'érable
1 cuiller à soupe de sauce soja
1/2 cuiller à soupe de purée de sésame

Mets le riz dans la casserole avec quatre verres d'eau.
Fais chauffer à feu doux pendant environ 20 minutes à couvert.
Pèle et râpe les carottes. Pèle et coupe le concombre en bâtonnets.
Émince finement l'oignon vert.
À l'aide d'un pilon, concasse les cacahuètes.
Dans une petite casserole, verse le vinaigre et chauffe-le à feu doux.
Ajoute le sucre et le sel. Dès que le sucre a fondu, retire la casserole du feu, avant ébullition. Mélange le riz avec le vinaigre sucré.
Dans un bol, mélange l'huile, la sauce soja, le jus de citron, la tartinade de sésame, le sirop d'érable, du sel et du poivre.
Place une feuille de nori sur la natte en bambou. Étale sur l'algue une couche de riz épaisse de 1/2 cm, en laissant 2 cm vides sur un côté.
Dispose à l'extrémité du riz un bâtonnet de concombre, un peu de carottes râpées, d'oignon vert, de graines germées, de cacahuètes concassées et de sauce. Roule le maki sur lui-même en maintenant bien serré. La partie sans riz servira à ce que le maki reste fermé.

Pumpkin pie.
Pour 6 personnes.

La pâte sablée :

Voir ingrédients et recette p.60

La garniture :

2 œufs
800 gr de potiron
80 gr de sucre roux
20 cl de crème liquide
6 cuillers à soupe de sirop d'érable
3 cuillers à café de cannelle en poudre
1 cuiller à café de gingembre en poudre
1 pincée de muscade en poudre

Pèle le potiron et coupe-le en gros morceaux. Prélève 800 grammes pour cette recette.
Fais-les cuire dans une casserole d'eau bouillante pendant 20 minutes environ. Quand la chair est tendre, retire du feu et égoutte.
Réduis le potiron en purée. Laisse-le refroidir.
À l'aide d'un rouleau à pâtisserie, étale la pâte sablée sur un plan de travail fariné.
Dispose la pâte sur un moule à tarte fariné. Pique-la avec une fourchette.
Remplis le fond de tarte avec des pois secs pour éviter les bulles d'air durant la cuisson.
Mets le moule à tarte au four durant 20 minutes à 180°C.
Dans un saladier, mélange énergiquement les œufs, le sirop d'érable, le sucre, la cannelle, la muscade et le gingembre.
Ajoute la purée de potiron et la crème liquide. Mélange.
Verse la préparation sur la tarte et replace au four pendant environ 30 minutes à 180°C.
Quand la tarte est cuite, sors-la du four, laisse-la refroidir puis place-la au réfrigérateur. La pumpkin pie peut s'accompagner de sirop d'érable, de crème chantilly ou d'une boule de glace vanille.

ORANGE

Recette du riz à sushi (**sucre roux** et **vinaigre de riz**).

Pour 4 personnes.

3 verres de riz rond japonais
4 verres d'eau
5 cuillers à soupe de vinaigre de riz (ou de vinaigre de cidre)
4 cuillers à soupe de sucre roux
1 cuiller à café de sel

Lave le riz dans une casserole, mélange-le avec la main et égoutte-le.
Remets le riz dans la casserole avec les quatre verres d'eau.
Fais chauffer à feu doux pendant environ 20 minutes à couvert.
Quand il est cuit, étale le riz dans un grand plat. Ainsi, il refroidira plus vite.
Dans une petite casserole, verse le vinaigre et chauffe-le à feu doux.
Ajoute le sucre et le sel. Mélange.
Dès que le sucre a fondu, retire la casserole du feu, avant ébullition.
Laisse refroidir le vinaigre.
Quand le riz est froid et le vinaigre aussi, arrose le riz avec le vinaigre sucré.
Mélange ce riz vinaigré avec une cuiller en bois.

Petit bonus de fée :
Pour obtenir des sushis végétariens : ce riz vinaigré sucré peut être étalé sur des feuilles d'algues nori et
être garni de concombre, de carotte, de feta, de graines germées, d'avocat, de betterave ou de salade.
Ce riz peut aussi être servi dans une assiette pour accompagner un tartare d'avocat-mangue-concombre ou un tartare de poivrons et carottes.

Boulettes de **lentilles corail.**
Pour 5 personnes.

3 oignons
1 gousse d'ail
8 brins de menthe fraîche
200 gr de lentilles corail
100 gr de boulgour
70 gr de concentré de tomates
3 cuillers à soupe d'huile d'olive
1 cuiller à soupe de sauce soja
1 cuiller à café de paprika
1 cuiller à café de curry
1 cuiller à café d'herbes de Provence
1/2 cuiller à café de curcuma
Sel et poivre aux 5 baies

Verse un demi-litre d'eau sur les lentilles et referme le couvercle.
Cuis-les à feu doux pendant environ 20 minutes.
Vérifie régulièrement la cuisson.
Cela donnera une purée orange.
Fais cuire le boulgour comme indiqué sur le paquet.
Quand il est prêt, ajoute-le à la purée de lentilles. Mélange.
Pèle et hache les oignons et l'ail.
Place-les dans une poêle avec l'huile. Fais-les rissoler 10 minutes environ.
Ajoute le concentré de tomates dans les oignons cuits et laisse mijoter quelques minutes.
Coupe finement les feuilles de menthe.
Mets la menthe, les oignons, l'ail, les épices, la sauce soja, le sel et le poivre dans la purée de lentilles.
Mélange pour que la préparation soit bien homogène.
Place au réfrigérateur pendant au moins 1 heure.
Confectionne les boulettes en les formant dans la paume de ta main.
Tu peux les préparer à l'avance et les remettre au frais ou tu peux les consommer tout de suite.
Ces boulettes de lentilles corail se mangent froides, avec des légumes cuits ou crus, par exemple.

Carrot cake.
Pour 6 personnes.

Gâteau :

3 œufs
1 sachet de levure chimique
200 gr de carottes (environ 4 carottes)
150 gr de margarine végétale
120 gr de noix concassées
120 gr de sucre roux
100 gr de farine
3 cuillers à café de cannelle
1 cuiller à café d'extrait de vanille
1/2 cuiller à café de muscade

Glaçage :

140 gr de fromage frais (cream cheese)
50 gr de sucre roux
1/2 cuiller à café de cannelle

Mets les œufs et le sucre roux dans un saladier. Mélange énergiquement.
Quand la préparation blanchit et devient mousseuse, ajoute la margarine, l'extrait de vanille, la muscade et la cannelle.
Fouette ce mélange.
Ajoute ensuite la farine tamisée et la levure. Mélange.
Pèle et râpe les carottes. Ajoute-les à la préparation.
Il ne reste plus qu'à ajouter les noix concassées et à bien mélanger.
Prends un moule à gâteau. Beurre-le et verse la pâte.
Place au four pendant environ 30 minutes à 180°.
Prépare le glaçage en mélangeant le fromage frais, le sucre roux et la cannelle.
Dès que le carrot cake est refroidi, étale le glaçage au-dessus.
Mets le gâteau au réfrigérateur au minimum 2 heures avant de déguster.

Ceviche à la **mangue**.

Pour 2 personnes.

2 avocats
1 mangue
1 citron
1 poivron
1/2 échalote
3 brins de coriandre fraîche
1/2 feuille d'algue nori
1 cuiller à café de graines de sésame
Sel et poivre aux 5 baies

Épluche et hache finement l'échalote.
Pèle la mangue et l'avocat. Coupe-les en petits dés.
Coupe le poivron en petits dés.
Presse le citron.
Mets l'échalote, le poivron, le jus de citron, le sésame, le sel et le poivre dans un saladier.
Mélange.
Place au réfrigérateur pendant 1 heure.
Sors le saladier du réfrigérateur et hache finement les feuilles de coriandre.
Ajoute la mangue, l'avocat et la coriandre dans le saladier de poivron.
Remue doucement la préparation et replace au frais pendant 1 heure avant de servir.
Découpe la feuille de nori en quatre bandes, puis coupe ces bandes en fines lamelles.
Mets-les dans un bol afin que chacun puisse en parsemer son ceviche.
Ce ceviche sera délicieux avec du riz parfumé et cuit avec une cuiller à soupe d'huile de coco.

ORANGE

**C'EST L'HEURE D'UN VERRE
DE JUS D'ORANGES PRESSÉES.**

**Dans lequel tu peux diluer une demi-cuiller à café
de poudre de jus d'herbe si tu en as
et une petite cuiller à café de sirop d'érable.**

Le Fondant à l'orange de Peau d'Âne et son anneau Magique pour le Prince !

Pour 6 personnes.

2 œufs
1 orange (bio ou non traitée)
1/2 sachet de levure chimique
120 gr de sucre roux
115 gr de farine
100 gr de margarine végétale

Dans un saladier, travaille la margarine et le sucre avec une cuiller en bois.
Ajoute les œufs, tout en continuant à bien travailler la pâte.
Râpe le zeste et presse l'orange.
Verse la farine tamisée, la levure, le jus d'orange et le zeste dans la préparation.
Quand la pâte est bien homogène, mets-la dans un moule beurré en forme de cœur (de préférence).
C'est maintenant qu'il faut enlever la bague de ton doigt, prends une bague avec une grosse pierre dessus afin que ton amoureux ne l'avale pas.
Lave-la et glisse-la dans la pâte du gâteau.
Mets le moule au four à 180°, pendant environ 35 minutes.
Lorsque ton amoureux mangera ce gâteau délicieux, il y trouvera ta bague et te la passera au doigt !

ORANGE

Les véritables recettes de Grand-Mère :

Le « Millasson » parfumé à la **fleur d'oranger**.

Pour 6 personnes.

3 œufs
150 gr de sucre roux
125 gr de farine
1/2 l de lait
3 cuillers à soupe d'eau de fleurs d'oranger
1 cuiller à café d'extrait de vanille

Mets les œufs et le sucre dans un saladier.
Fouette énergiquement la préparation.
Ajoute la farine tamisée, l'extrait de vanille, l'eau de fleurs d'oranger et le lait froid.
Fouette jusqu'à ce que la pâte soit bien homogène.
Beurre un moule à tarte. Verse la préparation dedans.
Place au four à 210°C pendant 40 minutes environ.
Vérifie régulièrement la cuisson. Le dessus doit être doré.
Ce gâteau se déguste tiède ou froid.
Ferme les yeux et retombe en enfance !

Petit bonus de fée :
Tu peux accompagner ce délicieux dessert avec de la gelée de groseilles.
Le Millasson est une sorte de flan ou de clafouti.

Moelleux au chocolat blanc, thé matcha & baies de Goji.

Pour 6 personnes.

2 œufs
125 gr de farine
100 gr de sucre roux
100 gr de chocolat blanc
100 gr de margarine végétale
50 gr de poudre d'amande
2 cuillers à soupe de baies de goji
3 cuillers à café rases de poudre de thé matcha
1 cuiller à café de levure chimique

Mets les baies de goji dans un bol d'eau pendant 20 minutes environ pour les réhydrater.
Dans un saladier, casse les œufs et ajoute le sucre.
Bats le mélange au fouet jusqu'à ce qu'il devienne plus clair et mousseux.
En remuant, ajoute peu à peu la farine tamisée, la levure et la poudre d'amande.
Quand la pâte est bien homogène, ajoute la margarine ramollie et le thé matcha dans la préparation.
Coupe la tablette de chocolat blanc en petits morceaux, comme des pépites.
Égoutte les baies de goji réhydratées et mets-les dans la pâte ainsi que le chocolat blanc.
Mélange.
Verse la préparation dans un moule à gâteau beurré.
Place-le au four à 180°C pendant environ 30 minutes.
Vérifie régulièrement lors de la cuisson.
Quand la lame d'un couteau ressort sèche du moelleux, il est prêt.

Petit bonus de fée :
Les baies de goji renforcent le système immunitaire et retardent le vieillissement des cellules.

ORANGE

Une micro dose d'**huile essentielle de mandarine**

(ou mange une mandarine) te fera le plus grand bien !

Prends une cuiller à soupe de miel et
ajoute **une seule goutte** d'huile essentielle de mandarine.

Mélange ce miel parfumé dans une tasse d'eau chaude ou une tisane.
Tu peux aussi verser une goutte d'huile essentielle sur le sachet de thé
ou de tisane juste avant de le tremper dans l'eau bouillante.

Petit bonus de fée :
L'huile essentielle de mandarine est bénéfique pour le système digestif.
Elle favorise aussi la détente et la relaxation.

Information importante :
Il est fortement déconseillé aux femmes enceintes et
aux enfants de moins de 6 ans de consommer des huiles essentielles.

Gâteau aux noix et au sirop d'érable.
Pour 6 personnes.

1/2 citron
250 gr de farine
100 gr de cassonade (ou de sucre roux)
100 gr de noix décortiquées
100 gr de margarine végétale
80 gr de miel
80 gr de sirop d'érable
20 cl de lait d'amande
1 cuiller à café de bicarbonate de soude
1 cuiller à café bombée de cannelle en poudre
1 cuiller à café bombée de gingembre en poudre

Verse le lait dans une casserole et fais-le chauffer à feu doux.
Ajoute le miel, le sirop d'érable et l'extrait de vanille.
Mélange régulièrement.
Dès que le lait est chaud et que le miel et le sirop d'érable sont bien dilués, retire la casserole du feu.
Presse le demi-citron.
Dans un saladier, mélange la farine tamisée, le bicarbonate de soude, la cassonade, la cannelle et le gingembre en poudre.
Quand la préparation est bien mélangée, ajoute le lait sucré.
Mélange avec une cuiller en bois pour obtenir une pâte homogène.
Ajoute le jus de citron, puis la margarine. Mélange.
Place les noix décortiquées dans un bol hachoir électrique et mixe jusqu'à obtenir de la poudre.
Ajoute la poudre de noix dans la pâte. Mélange.
Verse la pâte dans un moule à gâteau beurré et place-le dans le four à 180°C durant 30 minutes environ.
Vérifie régulièrement la cuisson.
Quand le gâteau est doré, sors-le du four et laisse-le refroidir avant de le déguster.

COMME EVE, CROQUE UNE DÉLICIEUSE POMME.

Ce fruit est plein de vitamines et de magnésium.

BOIS UN GRAND VERRE D'EAU CHAUDE !

Oui, tu as bien entendu.
De l'eau chaude sans thé, sans tisane, sans rien du tout !
Juste une tasse d'eau chaude maintenant
ou pour commencer ou terminer ta journée.
Cela aidera ton système digestif à se préparer le matin
ou à se purifier le soir.
Renouvelle cet excellent rituel autant de fois que tu le souhaites.
Tu t'habitueras au goût subtil de l'eau chaude
bien plus vite que tu ne le penses…

Une expérience *magique* à vivre ?

Un repas aux chandelles en écoutant

une musique de **Philip Glass** !

Une fleur séchée d'**hibiscus** (dont les fleurs sont rouges)
te fera le plus grand bien !

Verse 30 cl d'eau dans une casserole.
Ajoute une fleur séchée d'hibiscus.
Laisse bouillir durant environ 5 minutes.
Verse cette infusion d'hibiscus dans une tasse
avec une cuiller à café de miel.

Bonne dégustation !

Petit bonus de fée :
L'hibiscus aide à diminuer la tension artérielle et il réduit le stress.

Recette d'une **Assiette Rouge** !
Compose-toi une assiette avec des aliments de couleur rouge :

Du riz rouge, des poivrons rouges rissolés saupoudrés de graines de sésame, du « chili sin carne » (ce qui veut dire « chili sans viande ») aux haricots rouges, une poignée de graines germées de betterave…
OU toute autre combinaison d'aliments, épices, ingrédients de couleur rouge.

Avec du **gaspacho** :
Pour 5 personnes.

1 concombre
2 poivrons rouges
1 citron
1 oignon
2 gousses d'ail
1 branche de menthe fraîche
1 kg de tomates
20 cl d'eau environ
4 cuillers à soupe d'huile d'olive
1 cuiller à soupe de sauce soja
2 cuillers à café de sucre roux
Sel et poivre aux 5 baies

Coupe les tomates et les poivrons en morceaux.
Épluche le concombre. Tranche-le en grosses rondelles.
Pèle l'oignon et l'ail. Émince-les.
Presse le citron. Lave les feuilles de la menthe.
Mets-les dans le blender, ainsi que tous les autres ingrédients.
Procède en deux fois si le blender est trop rempli.
Mixe pendant quelques minutes, jusqu'à ce que la préparation soit devenue liquide et homogène.
Ajoute un peu d'eau si le gaspacho est trop épais.
Ajuste l'assaisonnement.
Verse le gaspacho dans une bouteille ou une carafe.
Place-le au réfrigérateur durant au moins 1 heure.

Salade de betterave, d'**oignon rouge** et de graines germées.

Pour 4 personnes.

2 betteraves cuites
2 pommes
1 oignon rouge
10 cerneaux de noix (facultatif)
2 poignées de graines germées
1/2 orange
3 cuillers à soupe d'huile d'olive
1 cuiller à soupe de sauce soja
1 cuiller à café de gomasio (mélange de sésame et de sel, à trouver en magasins bio)
1 cuiller à café de levure maltée (à trouver au rayon diététique)
Sel de mer
Poivre aux 5 baies

Coupe les betteraves en petits cubes.
Pèle les pommes et coupe-les en petits dés.
Épluche l'oignon rouge et hache-le finement.
Coupe chaque cerneau de noix en quatre.
Mets les betteraves, les pommes et l'oignon rouge dans un saladier.
Mélange.
Presse la demi-orange et verse le jus dans un bol.
Ajoute l'huile, la sauce soja, le gomasio, la levure, le sel et le poivre dans ce bol afin de faire la sauce.
Mélange énergiquement.
Au moment du dressage, dispose un peu de graines germées et une portion de salade de betterave dans chaque assiette et arrose la salade de sauce à l'orange.
C'est prêt !

ROUGE

**Eh oui ! Quand ton corps ressent une envie de fraises,
il faut le satisfaire.**

**Fraises fraîches, sorbet à la fraise, confiture, smoothie ou
compote à la fraise, tout est possible peu importe la saison !**

Houmous de **poivrons rouges**.
Pour 5 personnes.

2 poivrons rouges
1/2 gousse d'ail
1/2 citron
300 gr de pois chiches
2 cuillers à soupe d'huile d'olive
1 cuiller à soupe de purée de sésame
1 cuiller à café d'herbes de Provence
1/2 cuiller à café de cumin en poudre
1/2 cuiller à café de paprika
Sel et poivre aux 5 baies

Si tu as des pois chiches déshydratés, fais-les tremper toute une nuit dans un saladier rempli d'eau.
Le lendemain, mets les pois chiches dans une casserole. Recouvre-les d'eau salée.
Allume le gaz sur feu moyen et fais-les cuire environ 1 heure jusqu'à ce qu'ils soient tendres.

Mets les pois chiches cuits et égouttés dans un saladier.
Presse le demi-citron.
Pèle et hache finement l'ail.
Coupe les poivrons en morceaux. Mets-les avec les pois chiches.
Ajoute la tartinade de sésame, l'ail, le jus de citron, le cumin, le paprika, les herbes de Provence, l'huile d'olive, le poivre et le sel.
Mixe la préparation, de préférence avec un bol hachoir électrique, jusqu'à ce qu'elle devienne une pâte homogène.
Ajoute un peu d'eau si besoin afin qu'elle ne soit pas trop compacte.
Place le houmous au réfrigérateur pendant au moins 1 heure.
C'est prêt, tu peux le déguster !

C'EST L'HEURE D'UN SMOOTHIE ROUGE !

Pour 1 personne.

10 fraises (fraîches ou surgelées)
1 kiwi
1/2 banane
5 noix de cajou (ayant trempé au moins 4 heures dans l'eau, si possible)
3 dattes dénoyautées OU 1 cuiller à café de sucre de canne
5 baies de goji séchées (facultatif)
1 cuiller à soupe de flocons d'avoine
2 glaçons

Lave et équeute les fraises.
Pèle et coupe le kiwi en morceaux.
Mets tous les ingrédients dans le blender.
Mixe pendant quelques minutes jusqu'à ce que le smoothie soit homogène.
Ajoute un peu d'eau, de jus d'orange ou de lait végétal si la consistance n'est pas assez liquide à ton goût.
Ce smoothie est un petit-déjeuner idéal, mais aussi un goûter parfait.
Il peut même remplacer un repas si tu as envie de manger léger.

Petits bonus de fée :
Il existe des pailles en inox réutilisables !
Les baies de goji font partie des superaliments. Avec une dose minime, les apports nutritifs sont énormes.

Smoothie bowl aux **fraises**.
Pour 1 personne.

Le smoothie :
1 banane (surgelée en tranches)
10 fraises (fraîches ou surgelées)
1 yaourt nature (végétal ou au lait de vache)
5 noix de cajou (ayant trempé au moins 4 heures dans l'eau, si possible)
3 dattes dénoyautées OU 1 cuiller à café de sucre de canne
5 baies de goji séchées (facultatif)
1 cuiller à soupe de flocons d'avoine
1 cuiller à soupe de sirop d'érable

Le topping :
1/2 pomme (ou 1/2 poire)
1 poignée de granola
1 cuiller à soupe de pistaches non salées décortiquées
1 cuiller à café de graines de tournesol décortiquées
1 cuiller à café de baies de goji

Mets les tranches de banane dans un blender avec les fraises équeutées.
Ajoute le yaourt, le sirop d'érable, les noix de cajou, les 5 baies de goji, les flocons d'avoine et les dattes.
Mixe pendant quelques minutes jusqu'à obtenir une crème homogène.
Mets le smoothie dans un bol.
Pèle la demi-pomme et coupe-la en morceaux. Dispose-les sur le smoothie en une bande.
Puis place une bande de baies de goji.
Ensuite concasse les pistaches et dispose-les en une troisième bande sur le dessus du smoothie.
Ajoute une dernière bande de granola.
Saupoudre de graines de tournesol.
Ce smoothie bowl se mange à la cuiller.
Il est un petit-déjeuner idéal, mais aussi un goûter parfait.
Il peut même remplacer un repas si tu as envie de manger léger.

Les **pommes** « *Magiques* » de Blanche-Neige !

Pour 6 personnes.

6 pommes
3 gouttes de colorant alimentaire rouge
500 gr de sucre roux
15 cl d'eau
Des pique-brochettes en bois

Lave les pommes, sèche-les et plante dans chacune un pique-brochette.
Dans une petite casserole, fais chauffer l'eau avec le sucre roux à feu doux.
Quand la préparation bout depuis plusieurs minutes, plonge un thermomètre de cuisine dedans.
Dès qu'il indique 110°C, baisse le feu.
Ajoute le colorant rouge. Mélange et retire la casserole du feu.
Trempe une pomme dans ce sirop rouge en la faisant tourner sans cesse, puis plonge-la aussitôt dans un saladier d'eau froide en la tournant constamment.
Pose-la sur une grande assiette et recommence l'opération pour toutes les pommes.
Patiente au moins 1 heure avant de la manger afin que le sucre caramélisé durcisse complètement.
Attention, ces pommes ne se conservent que 2 ou 3 jours. Après, la magie disparaît !

Petit bonus de fée :
Voilà une excellente façon de faire manger des pommes aux enfants !
Idéale lors d'un goûter d'anniversaire, cette recette de sorcière est plus saine que les traditionnels bonbons.

Rougail de **tomates**.

Pour 4 personnes.

Recette qui nous vient de La Réunion et de Madagascar !
Le rougail est un accompagnement que l'on sert avec du riz et des protéines (végétales ou animales selon le régime alimentaire).

4 tomates
1 échalote
1 gousse d'ail
1/2 citron
5 brins de coriandre fraîche (facultatif)
1 cm de gingembre frais
3 cuillers à soupe d'huile olive
Sel de mer
Poivre aux 5 baies

Lave et coupe les tomates en morceaux.
Pèle et tranche l'échalote et l'ail.
Hache grossièrement la coriandre.
Épluche et tranche en fines lamelles le gingembre.
Presse le demi-citron.
Mets tous les ingrédients dans un saladier et mixe-les pour obtenir une sorte de purée épaisse.
Assaisonne au poivre et au sel.
Place le saladier 1 heure au réfrigérateur.
Bon appétit !

Recette d'une **Assiette Rose** !

Compose-toi une assiette avec des aliments de couleur rose, par exemple :

Quelques navets caramélisés,
Des échalotes finement émincées,
Une pincée de baies roses moulues,
Quelques grains de grenade,
Des radis à croquer,
Du riz de Camargue long rose,
Une poignée de graines germées de betteraves ou de radis.

Et en dessert, un demi-pamplemousse rose saupoudré de sucre roux,
Un quartier de pastèque,
Des fraises ou des framboises.

Ou tout autre aliment naturellement de teinte rose.

Smoothie bowl aux **framboises** et **fraises**.
Pour 1 personne.

Le smoothie :
10 framboises fraîches ou surgelées
6 fraises fraîches ou surgelées
1 banane surgelée (mise au congélateur en tranches)
5 noix de cajou (ayant trempé au moins 4 heures dans l'eau, si possible)
3 dattes dénoyautées OU 1 cuiller à café de sucre de canne
5 baies de goji séchées (facultatif)
15 cl de lait d'amande
1 cuiller à soupe de flocons d'avoine
1 cuiller à café de sirop d'érable

Le topping :
1/2 banane
10 pistaches non salées décortiquées
1 cuiller à soupe bombée de granola
1 cuiller à soupe de flocons de noix de coco (ou râpée)
1 cuiller à café de graines de chia

Sors les tranches de banane du congélateur et mets-les dans le blender.
Ajoute les framboises, les fraises, les dattes dénoyautées, les noix de cajou, le lait d'amande, les baies de goji, le sirop d'érable et les flocons d'avoine dans le blender.
Mixe pendant plusieurs minutes, jusqu'à ce que le smoothie soit homogène.
Verse le smoothie dans un large bol.
Dispose par-dessus une bande de granola, une bande de graines de chia, une bande de rondelles de banane, une bande de pistaches concassées et pour finir, une dernière bande de flocons de noix de coco.
Le smoothie bowl se mange à la cuiller.
Tu peux le déguster sur le champ !
Il est un petit-déjeuner idéal, mais aussi un goûter parfait.
Il peut même remplacer un repas si tu as envie de manger léger.

Salade fraîcheur avocat, roquette et grenade.
Pour 4 personnes.

2 avocats
1/2 grenade fraîche
Quelques feuilles de roquette
5 brins de coriandre fraîche (facultatif)
200 gr de feta
150 gr de semoule
3 cuillers à soupe d'huile d'olive
1 cuiller à soupe de vinaigre de cidre
1 cuiller à café de sauce soja
1 cuiller à café de gomasio (mélange de sésame et de sel, disponible en magasins bio)
1 cuiller à café de levure maltée (disponible au rayon diététique)
Sel et poivre aux 5 baies

Mets la semoule dans un saladier, arrose-la d'un filet d'huile d'olive, ajoute une pincée de sel.
Fais bouillir de l'eau et verse l'eau bouillante sur la semoule jusqu'à la recouvrir de 1 cm d'eau.
Place un linge au-dessus du saladier pendant que la semoule gonfle.
Pèle et coupe les avocats en petits dés. Réserve.
Tranche la grenade en deux pour l'éplucher et en ôter les grains.
Réserve les grains.
Nettoie et essore les feuilles de roquette et la coriandre fraîche.
Hache finement les feuilles de coriandre.
Coupe le bloc de feta en petits cubes.
Fais une vinaigrette avec l'huile d'olive, le vinaigre, la sauce soja, la coriandre hachée, le gomasio, la levure, le sel et le poivre. Mélange.
Quand la semoule a bien gonflé, égrène-la à l'aide d'une fourchette.
Laisse-la refroidir.
Dès que la semoule est froide, ajoute les avocats, les grains de grenade, la feta et la roquette.
Mélange doucement.
Sers cette salade avec le bol de vinaigrette séparément afin que chacun puisse en mettre la quantité désirée.

Un peu de musique maintenant !

Écoute une œuvre de **Gabriel Fauré**

lors de ton prochain repas,

cela t'est fortement conseillé pour te détendre et pour rêver…

Salade de **pastèque**, feta et feuilles de menthe fraîche.

Pour 5 personnes.

1 pastèque
1/2 citron
2 branches de menthe
200 gr de feta
3 cuillers à soupe d'huile d'olive
1 cuiller à soupe de vinaigre balsamique
1 cuiller à café de graines de chia
Sel de mer
Poivre aux 5 baies

Coupe la pastèque en tranches, ôte le vert et les pépins, puis coupe les tranches en petits dés.
Mets-les dans un grand saladier.
Coupe ensuite des petits dés de feta. Ajoute-les dans le saladier.
Presse le demi-citron et répands le jus sur la pastèque.
Lave la menthe et hache finement les feuilles.
Ajoute-les dans le saladier. Saupoudre de graines de chia et mélange.
Verse l'huile et le vinaigre balsamique sur la préparation.
Sale et poivre. Mélange doucement.
À déguster immédiatement !

Petit bonus de fée :
La menthe est riche en fer et en vitamine C. Elle est excellente pour la digestion.

Crumble à la **rhubarbe**.

Pour 6 personnes.

4 pommes (environ 800 gr)
300 gr de rhubarbe
170 gr de farine
120 gr de beurre (ou de margarine végétale)
120 gr de sucre roux + 40 gr environ pour saupoudrer
1 cuiller à café d'extrait de vanille

Lave, épluche et tranche la rhubarbe en petits morceaux de 1 cm.
Pèle et coupe les pommes en petits dés après avoir ôté le trognon.
Place la rhubarbe et les pommes coupées dans une casserole avec un fond d'eau.
Fais chauffer à feu doux jusqu'à ce que les fruits deviennent fondant.
Saupoudre les 40 gr de sucre roux.
Ajoute de l'eau si nécessaire pour que cette compotée reste bien humide.
Une fois cuite, verse-la dans un plat à gratin.
Mets dans un saladier la farine tamisée, le beurre (ou la margarine végétale), l'extrait de vanille et les 120 gr de sucre.
Mélange et émiette la préparation avec les mains.
Si nécessaire, ajuste la quantité de farine afin que la pâte s'effrite et ne soit pas compacte.
Avec les doigts, émiette la pâte à crumble sur la base fruitée.
Mets le plat au four pendant une quarantaine de minutes, à 180°C.
Vérifie régulièrement la cuisson.
Ce crumble se déguste tiède ou froid.
Régale-toi !

Paella végétarienne au riz rose de Camargue.
Pour 4 personnes.

2 poivrons
1 boîte de fonds d'artichauts
2 courgettes
2 tomates
2 oignons
2 gousses d'ail
230 gr de champignons de Paris frais
200 gr de riz long
150 gr de riz rose de Camargue (disponible en magasins bio)
100 gr de petits pois
4 cuillers à soupe d'huile d'olive
2 cuillers à soupe bombée d'olives dénoyautées (vertes ou noires ou les deux)
2 cuillers à soupe de sauce soja
1 cuiller à café de curry
1 cuiller à café de paprika
1 cuiller à café d'herbes de Provence
Sel et poivre aux 5 baies

Pèle et hache finement l'ail et les oignons. Réserve.
Coupe les courgettes, les poivrons et les tomates en petits dés. Réserve.
Égoutte les artichauts. Tranche-les en lamelles. Réserve.
Tranche les champignons de Paris en lamelles.
Dans une grande poêle, verse l'huile et fais chauffer sur feu moyen.
Fais rissoler l'oignon et l'ail en mélangeant régulièrement.
Quand l'oignon est doré, ajoute le riz rose et le riz long, les courgettes, les poivrons, les tomates, les artichauts et les olives dans la poêle.
Remue tout au long de la cuisson.
Saupoudre de curry, de paprika, d'herbes de Provence, de sel et de poivre.
Arrose de sauce soja et d'eau au fur et à mesure.
Vérifie la cuisson du riz et rajoute de l'eau durant la cuisson jusqu'à ce qu'il soit bien tendre. C'est prêt ! Tu peux servir immédiatement.

Une micro dose d'**huile essentielle de pamplemousse**

(ou mange un pamplemousse) te fera le plus grand bien !

Prends une cuiller à soupe de miel et
ajoute **une seule goutte** d'huile essentielle de pamplemousse.
Mélange ce miel parfumé dans une tasse d'eau chaude ou une tisane.
Tu peux aussi verser une goutte d'huile essentielle sur le sachet de thé
ou de tisane juste avant de le tremper dans l'eau bouillante.

Petit bonus de fée :
L'huile essentielle de pamplemousse
augmente les défenses immunitaires.
Par ailleurs, elle favorise la digestion.

Information importante :
Il est fortement déconseillé aux femmes enceintes et
aux enfants de moins de 6 ans de consommer des huiles essentielles.

C'EST L'HEURE D'UN SMOOTHIE ROSE !

Pour 1 personne.

10 framboises fraîches ou surgelées
1 pêche
5 noix de cajou (ayant trempé au moins 4 heures dans l'eau, si possible)
3 dattes dénoyautées OU 1 cuiller à café de sucre de canne
5 baies de goji séchées (facultatif)
20 cl de lait de coco (ou autre lait)
1 cuiller à soupe de flocons d'avoine
3 glaçons

Retire la peau et le noyau de la pêche. Coupe-la en quatre.
Mets tous les ingrédients dans le blender.
Mixe pendant plusieurs minutes jusqu'à ce que le smoothie soit homogène et liquide.
C'est déjà prêt !
Voilà une dose de vitamines et de bienfaits pour ton corps !
À boire sans modération.
Ce smoothie est un petit-déjeuner idéal, mais aussi un goûter parfait.
Il peut même remplacer un repas si tu as envie de manger léger.

Petits bonus de fée :
Il existe des pailles en inox réutilisables !
Les baies de goji font partie des superaliments. Avec une dose minime, les apports nutritifs sont énormes.

La galette Magique aux **framboises** du Petit Chaperon Rouge !
Pour 6 personnes.

80 gr de framboises fraîches ou surgelées
2 pâtes feuilletées
1 œuf
Un peu de lait
125 gr de margarine végétale
125 gr de sucre roux
125 gr de poudre d'amande
25 gr de farine
1 cuiller à soupe d'eau de rose
1 cuiller à café d'arôme de rose

Mets la margarine dans un saladier et mélange-la pour la rendre crémeuse.
Ajoute le sucre, la poudre d'amande et la farine tamisée.
Mélange la préparation.
Ajoute l'œuf, l'arôme et l'eau de rose. Remue pour obtenir une pâte homogène.
Déroule la pâte feuilletée sur un papier sulfurisé posé sur la plaque du four.
Étale la frangipane en laissant 3 cm de pâte vierge le long des bords.
Coupe grossièrement les framboises.
Disperse-les uniformément sur la frangipane.
Recouvre la frangipane et les framboises avec la deuxième pâte feuilletée.
Scelle les bords des deux pâtes, puis colmate-les à l'aide d'une fourchette.
Décore le dessus de la galette en faisant des tranchées et des croisillons avec la lame d'un couteau.
Prends un pinceau à cuisine pour enduire la pâte feuilletée d'un peu de lait afin qu'elle dore en cuisant.
Place la plaque au four à 200°C durant 30 minutes environ.
Vérifie régulièrement lors de la cuisson.
La galette se déguste tiède ou froide.

Pizza aux fromage de chèvre et oignons rouges.
Pour 5 personnes.

La pâte à pizza :

Ingrédients et recette voir p.184.

La garniture :
2 tomates OU 10 cl de coulis de tomates
3 oignons rouges
1 gousse d'ail
Crème de vinaigre balsamique (facultatif)
10 baies de poivre rose
Huile d'olive
120 gr de fromage de chèvre frais
2 cuillers à soupe de miel
1 cuiller à soupe de sauce soja
1 cuiller à café d'herbes de Provence

Prépare la pâte à pizza.
Quand elle a doublé de volume, étale-la au rouleau sur un plan fariné.
Dispose-la sur la plaque du four recouverte de papier sulfurisé.
Laisse-la gonfler au moins 30 minutes.
Puis, mixe les tomates et répands ce coulis sur la pâte.
Pèle les oignons et l'ail. Émince-les finement.
Verse un filet d'huile dans une poêle et chauffe-la à feu moyen.
Ajoute l'ail et les oignons pour les faire rissoler.
Mets aussi le miel et la sauce soja. Remue régulièrement durant la cuisson.
Disperse la préparation à base d'oignons sur la sauce tomate.
Coupe le fromage de chèvre en petits cubes.
Écrase les baies de poivre rose à l'aide d'un pilon.
Place les cubes de fromage de manière uniforme sur la pizza.
Saupoudre d'herbes de Provence, de poivre rose et de sel.
Arrose avec un filet d'huile d'olive et un peu de crème balsamique.
Place la pizza au four à 200°C pendant 20 minutes environ.

Cupcakes aux **framboises** et à la **rose**.
Pour 6 personnes.

Le cake :
40 framboises fraîches ou surgelées
3 œufs
1/2 sachet de levure
175 gr de farine
100 gr de margarine végétale
125 gr de sucre roux
2 cuillers à soupe d'eau de rose

Le glaçage :
100 gr de chocolat blanc
2 cuillers à soupe de lait (végétal ou de vache)
1 cuiller à soupe d'eau de rose

Sépare les blancs et les jaunes d'œufs.
Mets les jaunes dans un saladier avec le sucre, la margarine ramollie et deux cuillers à soupe d'eau de rose. Mélange énergiquement.
Petit à petit, ajoute la farine tamisée et la levure dans la préparation.
Rajoute les framboises à cette pâte. Remue.
Monte les blancs en neige à l'aide d'un fouet.
Incorpore les blancs dans la pâte aux framboises.
Mélange doucement avec une cuiller en bois.
Verse la préparation dans des moules à cake individuel en ne dépassant pas les 3/4.
Place-les au four pendant 20 minutes environ à 180°C.
Vérifie régulièrement la cuisson.
Quand ils sont dorés et gonflés, retire les moules du four et laisse-les refroidir.
Quand les cupcakes sont bien refroidis, prépare le glaçage.
Fais fondre le chocolat blanc dans un bol, au bain-marie.
Ajoute l'eau de rose et le lait. Remue jusqu'à ce que le mélange soit homogène.
Étale le glaçage sur chacun d'eux.
Laisse le glaçage durcir une heure environ.

Verrines à la crème de **betterave**.

Pour 4 personnes.

1/2 gousse d'ail (ou 1/2 échalote)
2 brins de persil (facultatif)
500 gr de betteraves cuites
20 cl de crème liquide
1 cuiller à soupe de graines de chia
1 cuiller à soupe de sauce soja
1 cuiller à café de moutarde (facultatif)
Sel et poivre aux 5 baies

Coupe les betteraves en gros morceaux.
Pèle l'ail et émince-le.
Mets les betteraves, l'ail, la moutarde, la sauce soja, le sel et le poivre dans un bol hachoir électrique.
Mixe la préparation pendant plusieurs minutes. Procède en deux fois si le bol est trop petit.
Quand la purée de betterave est homogène, ajoute la crème liquide et les graines de chia.
Mélange doucement à l'aide d'une cuiller.
Répartis la préparation dans plusieurs verrines.
Lave le persil et hache-le finement.
Dispose un peu de persil haché sur chaque verrine.
Place au réfrigérateur pendant au moins 1 heure avant dégustation.

Petits bonus de fée :
La betterave est un antioxydant. Elle réduit le stress et améliore la circulation sanguine.
Il paraît même qu'elle est aphrodisiaque !

Loukoums à la rose.

Pour 8 personnes.

Quelques gouttes de jus de betterave (en guise de colorant naturel)
180 gr de sucre roux
2 gr d'agar-agar (gélatine végétale à base d'algues)
10 cl d'eau
2 cuillers à soupe de sucre glace
2 cuillers à soupe de maïzena (pour les recouvrir)
2 cuillers à soupe d'eau de rose
1 cuiller à café d'arôme de rose

Mets l'agar-agar et le sucre dans une casserole. Mélange.
Ajoute l'arôme de rose, l'eau de rose, l'eau et le jus de betterave.
Mélange et allume le gaz sur feu doux.
Chauffe la préparation jusqu'à ce qu'elle bouille et que sa température atteigne 110°.
Prends un moule (en silicone, si possible) et huile-le.
Verse la préparation bouillante dans le moule.
Laisse reposer pendant 4 heures à température ambiante.
Quand la préparation est devenue ferme, saupoudre un plateau du mélange maïzena/sucre glace.
Démoule la préparation durcie et pose-la sur le plateau.
Tranche-la en cubes d'environ 2 cm de côté.
Sépare chaque cube les uns des autres et roule les loukoums dans la maïzena et le sucre glace.
Conserve les loukoums dans une boîte hermétique à température ambiante.

Petits bonus de fée :
La rose possède de nombreuses vertus, notamment elle revitalise et régénère les cellules.

« Faux-gras » au **poivre rose** : Foie-gras végétalien.
Pour 4 personnes.

5 baies de poivre rose
1 pincée de cannelle
1 pincée de paprika
1 pincée de curry
100 gr de noix de cajou
50 gr d'huile de coco (désodorisée, de préférence)
5 gr de concentré de tomate
2 gr de maïzena
5 cl d'eau
2 cuillers à soupe de levure maltée (disponible au rayon diététique)
1/2 cuiller à café de sel de mer

Mets les noix de cajou dans un grand bol rempli d'eau froide.
Laisse-les tremper pendant au moins 2 heures.
Égoutte-les.
Place les noix de cajou, l'huile de coco, le concentré de tomate, la maïzena, les baies de poivre rose, la levure maltée, la cannelle, le paprika, le curry et le sel dans un bol hachoir électrique.
Mixe pendant plusieurs minutes, jusqu'à ce que la préparation devienne une pâte homogène.
Verse l'eau dans une petite casserole et fais-la chauffer.
Quand l'eau bout, retire la casserole du feu et verse l'eau bouillante dans le bol hachoir avec la préparation.
Mixe à nouveau quelques secondes.
Transvase le mélange dans un récipient avec un couvercle.
Place le récipient au réfrigérateur durant toute une nuit.
Ajoute quelques baies de poivre rose au-dessus en guise de décoration.
Ce « faux-gras » est délicieux sur des toasts ou sur du pain frais.
Tu peux décorer chaque toast de « faux-gras » avec une pointe de confiture de figues ou de confit d'oignons.

Pain maison à l'ail rose.
Pour 6 personnes.

<u>Le pain :</u>

1 sachet de levure boulangère
400 gr de farine
10 cl de lait
4 cuillers à soupe d'huile d'olive
1 cuiller à café de sel marin
1 cuiller à café de sucre roux

<u>La garniture :</u>

5 brins de persil
2 gousses d'ail rose
6 cuillers à soupe d'huile d'olive
1 cuiller à soupe d'herbes de Provence
1 cuiller à soupe de sauce soja

Dans un bol, dilue la levure boulangère avec 10 cl d'eau tiède. Mélange.
Mets la farine, le sucre et le sel dans un saladier.
Verse petit à petit la levure diluée dans un puits creusé au centre de la farine. Malaxe à la main. Ajoute le lait et l'huile dans la préparation.
Pétris plusieurs minutes afin de bien travailler la pâte à pain.
Forme une boule, couvre le saladier avec un linge et laisse la pâte monter pendant au moins 2 heures à température ambiante.
Quand elle a doublé de volume, étale la pâte sur un plan de travail fariné. Donne-lui la forme d'un rectangle épais d'environ 2 cm.
Mets la pâte à pain sur la plaque du four, posée sur du papier sulfurisé.
Recouvre-la d'un linge et laisse-la monter pendant 30 minutes minimum. Hache finement le persil et mets-le dans un bol.
Pèle les gousses d'ail et écrase-les au pilon. Ajoute-les au persil.
Verse l'huile d'olive et la sauce soja dans ce bol. Mélange.
Ajoute les herbes de Provence, le sel et le poivre.
Dès que la pâte a bien monté, disperse la garniture de manière uniforme sur la moitié du rectangle. Referme l'autre moitié sur la garniture et colmate les bords de la pâte à pain.
Place la plaque au four durant 20 minutes environ, à 180°C.

Je te propose de mettre de la musique maintenant...

Pourquoi pas **Guillaume Dufay** ?

Et, tout en appréciant son génie, bois un verre d'eau

en conscientisant chacune de tes gorgées.

Chutney aux pommes et aux **échalotes**.
Pour 5 personnes.

5 pommes
3 échalotes
1/2 citron
2 clous de girofle
2 gousses de cardamome
1 bâton de cannelle
1 cm de gingembre frais
30 gr de sucre roux
2 cuillers à soupe de miel
2 cuillers à soupe de vinaigre de cidre
1 cuiller à soupe de raisins secs (facultatif)
Sel et poivre aux 5 baies

Mets les raisins secs dans un bol avec le vinaigre afin qu'ils se gorgent de ce liquide.
Laisse-les mariner 30 minutes.
Épluche et coupe les pommes en morceaux.
Pèle et hache finement les échalotes et le gingembre.
Presse le demi-citron.
Dans une casserole, mets les pommes, les échalotes, le sucre, le miel, le jus de citron, les raisins marinés et les épices. Fais chauffer à feu doux.
Ferme le couvercle et laisse mijoter pendant 1 heure environ.
Remue régulièrement et vérifie la cuisson.
Quand les pommes ont pris l'aspect d'une compote, retire la casserole du feu. Enlève les clous de girofles et les gousses de cardamome.
Verse le chutney dans un bocal en verre avec un couvercle, laisse-le refroidir puis place-le au réfrigérateur au moins 2 heures.
Ce chutney froid est délicieux comme accompagnement d'un plat de riz et de légumes ou de potirons farcis aux châtaignes, par exemple.

Les biscuits Magiques à la rose réalisés par Luna Lafée !

Pour 6 personnes.

200 gr de farine
180 gr de beurre
140 gr de sucre roux
50 gr d'amandes en poudre
4 cuillers à soupe d'eau de rose
1 pincée de sel

Dans un saladier, travaille le beurre ramolli à l'aide d'une cuiller en bois.
Quand il devient crémeux, ajoute le sucre, l'eau de rose et le sel.
Mélange énergiquement.
Tamise la farine au-dessus de la pâte puis ajoute les amandes en poudre.
Dès que la pâte est homogène, forme une boule et place-la au réfrigérateur pendant au moins 1 heure.
Farine ton plan de travail et étale la pâte avec un rouleau à pâtisserie, sur une épaisseur d'environ 1 cm.
Utilise des emporte-pièces pour découper tes biscuits à la rose.
Pose-les sur la plaque du four recouverte de papier sulfurisé.
Mets la plaque au four à 180°C pendant 15 minutes environ.
Vérifie régulièrement la cuisson.
Voilà, tu peux goûter ces biscuits enchantés, mais ce sera à tes risques et périls…
Préviens ton entourage que tu risques de changer subitement de taille !

Petits bonus de fée :
La rose possède de nombreuses vertus, notamment elle revitalise et régénère les cellules.

C'EST L'HEURE D'UN **SMOOTHIE VIOLET** !

Pour 1 personne.

1 banane surgelée (elle a été mise au congélateur coupée en tranches)
5 noix de cajou (ayant trempé au moins 4 heures dans l'eau, si possible)
3 dattes dénoyautées OU 1 cuiller à café de sucre de canne
5 baies de goji séchées (facultatif)
100 gr de mûres fraîches ou surgelées
15 cl de lait végétal
5 cl de jus d'orange
1 cuiller à soupe de flocons d'avoine

Mets les tranches de banane surgelée dans un blender.
Ajoute les autres ingrédients et mixe pendant quelques minutes.
Quand le smoothie est homogène, c'est prêt !
Ce smoothie est un petit-déjeuner idéal, mais aussi un goûter parfait.
Il peut même remplacer un repas si tu as envie de manger léger.

Petits bonus de fée :
Il existe des pailles en inox réutilisables !
Les baies de goji font partie des superaliments. Avec une dose minime, les apports nutritifs sont énormes.

Une micro dose d'**huile essentielle de lavande**

(dont les fleurs sont violacées) te fera le plus grand bien !

Prends une cuiller à soupe de miel et
ajoute **une seule goutte** d'huile essentielle de lavande.

Mélange ce miel parfumé dans une tasse d'eau chaude ou une tisane.
Tu peux aussi verser une goutte d'huile essentielle sur le sachet de thé
ou de tisane juste avant de le tremper dans l'eau bouillante.

Petit bonus de fée :
L'huile essentielle de lavande apaise l'agitation
et facilite l'endormissement.

*Information importante :
Il est fortement déconseillé aux femmes enceintes
et aux enfants de moins de 6 ans de consommer des huiles essentielles.*

Buddha Bowl aux **betteraves**.
Pour 1 personne.

La base :
1 betterave cuite
1 poireau
1 tomate
1/2 échalote
Des pois chiches cuits
Du riz, du quinoa, du boulgour ou de la semoule
5 cerneaux de noix
1/2 feuille d'algue nori
1 cuiller à café de raisins secs (facultatif)
1 cuiller à café de graines de chia

La vinaigrette :
3 cuillers à soupe d'huile d'olive
1 cuiller à soupe de vinaigre balsamique
1 cuiller à soupe de sauce soja
1 cuiller à café de sirop d'érable

Prépare le riz, le quinoa, le boulgour ou la semoule comme indiqué sur le paquet.
Lave et coupe le poireau en rondelles de 1 cm.
Mets un peu d'eau dans une casserole, ajoute le poireau et une pincée de sel. Fais chauffer à feu moyen, avec un couvercle.
Quand le poireau est fondant, égoutte-le.
Coupe la tomate et la betterave cuite en petits dés.
Pèle et hache finement l'échalote. Concasse les noix avec un pilon.
Découpe la demi-feuille de nori en fines lamelles.
Dans un grand bol, prépare la base de riz, de quinoa ou de semoule (ou selon ce que tu as dans ton frigo).
Dispose par-dessus les dés de betterave, le poireau, la tomate, l'échalote, les pois chiches cuits, les noix, les graines de chia et les algues.
Mets tous les ingrédients de la vinaigrette dans un bol et remue énergiquement. Arrose le buddha bowl de vinaigrette.

Recette d'une Assiette Violette !
Compose-toi une assiette avec des aliments de couleur violette :

Des pommes de terre vitelotte, des cubes de betterave cuite,
Ou de très fines tranches de betterave crue (façon carpaccio),
Des chips de betteraves, des haricots rouges cuits avec de l'ail et des herbes de Provence, dans un coulis de tomates.

Chips à la betterave :
Pour 2 personnes.

250 gr de betteraves cuites
Sel de mer
Poivre aux 5 baies

Coupe des tranches très fines de betteraves (à l'aide d'une mandoline, si possible).
Pose-les, bien espacées, sur un papier sulfurisé posé sur la plaque du four.
Saupoudre-les de sel et d'un peu de poivre.
Enfourne la plaque à 120° C durant 1 heure environ.
Vérifie régulièrement la cuisson.
Quand elles sont sèches et ressemblent à des chips, retire-les du four.
Laisse refroidir.
À déguster le jour même.

Sauce vinaigrette à la betterave :
125 gr de betteraves
4 cuillers à soupe d'huile d'olive
2 cuillers à soupe de vinaigre balsamique
Sel de mer
Poivre aux 5 baies

Coupe les betteraves en gros morceaux.
Dans un récipient, mets la betterave coupée, le vinaigre, l'huile, le sel et le poivre.
Réduis en une crème homogène à l'aide d'un mixeur ou d'un bol hachoir électrique.

Soupe de nouilles chinoises au **navet**.
Pour 1 personne.

1 sachet individuel (85 gr) de nouilles chinoises (au blé ou au riz)
1/2 échalote
1 navet
1 cm de gingembre frais
1 feuille de citron kaffir ou feuille de combava (disponible fraîche ou surgelée dans les magasins asiatiques)
1 demi-bâton de cannelle
1 étoile de badiane
1 clou de girofle
4 cuillers à soupe de coulis de tomates
1 cuiller à soupe de sauce soja
1 cuiller à soupe d'huile de sésame
1/2 cuiller à café de chlorelle (disponible en magasins bio)
1/4 cuiller à café de curcuma

Pèle le gingembre et coupe-le en quatre.
Épluche et coupe le navet en petits cubes.
Pèle l'échalote et émince-la.
Verse 75 cl d'eau dans une casserole. Couvre la casserole et mets-la à chauffer à feu fort.
Mets le navet, l'échalote, le gingembre, la feuille de citron kaffir, le bâton de cannelle, la badiane, le clou de girofle dans la casserole.
Laisse mijoter environ 5 minutes.
Quand l'eau bout, ajoute le coulis de tomates, la sauce soja, l'huile de sésame, la chlorelle, le curcuma, du sel et du poivre.
Laisse encore cuire quelques minutes.
Dans une seconde casserole, verse 60 cl d'eau, couvre la casserole et fais-la chauffer à feu fort.
Quand l'eau bout, plonge les nouilles dans l'eau, ajoute une pincée de sel.
Laisse cuire quelques minutes. Dès qu'elles sont devenues molles, égoutte-les.
Place les nouilles dans un grand bol et couvre-le pour les laisser au chaud. Arrose le tout du bouillon au navet.

Steaks de **haricots rouges**.
Pour 5 personnes.

2 oignons
2 œufs
1 gousse d'ail
1 poignée de persil frais
500 gr de haricots rouges précuits
3 cuillers à soupe d'huile d'olive
2 cuillers à soupe de flocons d'avoine
1 cuiller à soupe de sauce soja
1 cuiller à soupe de farine
1 cuiller à café d'herbes de Provence
1 cuiller à café de paprika
1 cuiller à café de curry
1/2 cuiller à café de curcuma
Sel et poivre aux 5 baies

Égoutte les haricots rouges cuits et mets-les dans un saladier.
Écrase-les grossièrement avec une fourchette ou un presse-purée.
Pèle et hache les oignons et l'ail.
Fais-les rissoler dans une poêle avec un peu d'huile.
Lave le persil. Coupe-le finement.
Dans le saladier de haricots rouges, ajoute les œufs, les oignons cuits et les autres ingrédients, SAUF l'huile. Malaxe avec les mains.
Le mélange doit être compact.
Verse l'huile dans une grande poêle et fais-la chauffer à feu moyen.
Forme des galettes de la taille d'une paume avec la préparation.
Dispose les galettes dans la poêle, en plusieurs fournées si nécessaire car elles ne doivent pas se toucher.
Fais-les cuire pendant 5 minutes environ de chaque côté.
Ces galettes sont très friables : à manipuler avec précaution.
Ces steaks de haricots rouges s'accompagnent de crudités, de riz ou de frites maison, par exemple. Ou alors arrosés d'une sauce aux tomates fraîches ou cuites, à l'ail, au persil et aux échalotes.

Tarte fine aux **figues violettes**.
Pour 6 personnes.

La pâte sablée :

1 œuf
1 pincée de sel
220 gr de farine
140 gr de beurre
100 gr de sucre roux
30 gr de poudre d'amande

La garniture :

10 figues fraîches
1/2 citron
3 cuillers à soupe de sirop d'érable
2 cuillers à soupe de confiture d'abricots

À l'aide d'une cuiller en bois, mélange le beurre ramolli et le sucre dans un saladier. Quand la préparation est bien crémeuse, ajoute l'œuf.
Mélange encore afin que la pâte soit homogène.
Ajoute la poudre d'amande et la pincée de sel. Remue.
Tamise la farine et verse-la petit à petit dans la préparation.
Mélange pour obtenir une consistance compacte.
Forme une boule, couvre le saladier avec une assiette et place-le au réfrigérateur pendant 1 heure.
Lave les figues et coupe-les en rondelles d'environ ½ cm d'épaisseur.
Étale la pâte sur un plan de travail fariné à l'aide d'un rouleau à pâtisserie.
Place la pâte dans un moule à tarte beurré.
Dispose les figues sur la tarte de manière uniforme.
Presse le demi citron.
Dans un bol, mets le jus de citron, le sirop d'érable et la confiture d'abricots. Remue. Puis arrose les figues de ce mélange.
Mets la tarte au four à 180°C durant 30 minutes environ.
Vérifie régulièrement la cuisson. La pâte doit être dorée.
Démoule la tarte quand elle est tiède.

Crèmes à la **lavande**.

Pour 4 personnes.

Pétales de violettes givrées (facultatif)
1 goutte d'huile essentielle de lavande
2 gr d'agar-agar (gélatine végétale à base d'algues)
40 cl de lait
20 cl de crème liquide
2 cuillers à café de sucre roux

Dans une casserole, fais chauffer le lait et la crème liquide à feu doux.
Ajoute l'agar-agar et remue énergiquement.
Dès que la crème commence à bouillir, laisse-la sur le feu durant deux minutes, en mélangeant sans cesse.
Verse **une seule goutte** d'huile essentielle de lavande et le sucre dans la crème.
Mélange et retire la casserole du feu.
Répartis la crème dans des ramequins individuels.
Place-les au réfrigérateur pendant 4 heures.
En guise de décoration, dispose quelques pétales de violettes givrées sur chaque ramequin au moment de déguster.

Petits bonus de fée :
La lavande permet d'apaiser l'anxiété et elle favorise le sommeil.

Gâteau moelleux aux **prunes**.

Pour 6 personnes.

3 œufs
400 gr de prunes
150 gr de farine
125 gr de margarine végétale
125 gr de sucre roux
30 gr de poudre d'amande
1 cuiller à café de levure chimique

Mets la margarine ramollie et le sucre dans un saladier.
Mélange avec une cuiller en bois jusqu'à ce que la préparation blanchisse.
Ajoute les œufs et continue de mélanger.
Tamise la farine et la levure au-dessus du saladier. Remue encore.
Ajoute la poudre d'amande et mélange jusqu'à ce que la consistance soit homogène.
Beurre un moule à cake et remplis-le avec la préparation.
Lave les prunes, coupe-les en deux et ôte les noyaux.
Place les demi-prunes sur le haut du gâteau en mettant la peau vers l'extérieur.
Enfourne pendant une trentaine de minutes à 180°C.
Vérifie régulièrement la cuisson. C'est cuit quand la lame d'un couteau ressort sèche du gâteau.

Petit bonus de fée :
Les amandes aident au bon fonctionnement du transit intestinal.

Quinoa façon risotto aux olives et aux **artichauts**.
Pour 4 personnes.

1 oignon
1 gousse d'ail
1 boîte de cœurs d'artichauts
400 gr de quinoa
100 gr de feta
100 gr d'olives vertes dénoyautées
100 gr d'olives noires dénoyautées
1 litre d'eau
3 cuillers à soupe d'huile d'olive
1 cuiller à soupe de sauce soja
1 cube de bouillon de légumes
1 cuiller à café de curry
1 cuiller à café d'herbes de Provence
1/2 cuiller à café de curcuma

Pèle l'oignon et l'ail. Hache-les finement.
Verse l'huile dans une grande casserole. Fais rissoler l'oignon et l'ail à feu doux.
Ajoute le quinoa dans la casserole et mélange.
Arrose avec un peu d'eau, le bouillon de légumes, la sauce soja, le curry, le curcuma, les herbes de Provence, du sel et du poivre.
Augmente le gaz à feu moyen.
Rajoute de l'eau dès qu'il n'y en a plus et tant que le quinoa n'est pas cuit (gonflé et tendre).
Couvre la casserole.
Tranche les olives en deux.
Coupe les cœurs d'artichauts en quatre.
Et coupe des petits dés de feta.
Quand le quinoa est cuit, ajoute les artichauts, les olives et la feta.
Mélange doucement.
Laisse cuire encore quelques minutes à feu doux, en couvrant la casserole.

Salade de **chou rouge** cru au sésame.

Pour 5 personnes.

2 carottes
2 pommes
500 gr de chou rouge
10 cl de vinaigre de cidre
6 cuillers à soupe d'huile d'olive
1 cuiller à soupe de graines de sésame
1 cuiller à soupe de sauce soja
1 cuiller à soupe de sucre roux
1 cuiller à soupe de gomasio (mélange de sésame et de sel, disponible en magasins bio)
1 cuiller à soupe de levure maltée (disponible au rayon diététique)
Sel et poivre aux 5 baies

Lave le chou rouge et retire la base.
À l'aide d'une mandoline, émince le chou très finement.
Place le chou tranché dans un saladier.
Mets le vinaigre dans une petite casserole et fais-le chauffer à feu doux.
Quand le vinaigre est chaud, répands-le sur le chou rouge.
Mélange puis laisse mariner durant 2 heures au réfrigérateur.
Remue le chou rouge toutes les 30 minutes.
Pèle les carottes. Râpe-les.
Épluche les pommes. Coupe-les en petits dés.
Égoutte le chou au bout de 2 heures.
Remets-le dans le saladier, ajoute les carottes râpées et les pommes.
Mélange.
Dans un bol, verse l'huile d'olive, la sauce soja, les graines de sésame, le sucre, le gomasio, la levure, le sel et le poivre.
Remue énergiquement la sauce et verse-la sur la salade de chou rouge.
Mélange et c'est prêt !
N'hésite pas à adapter cette recette de chou rouge en le remplaçant par du chou blanc.

Salade de **betteraves**.

Pour 4 personnes.

10 cerneaux de noix
2 avocats
1 oignon vert
500 gr de betteraves cuites
100 gr de roquette
3 cuillers à soupe d'huile d'olive
1 cuiller à soupe de sauce soja
1 cuiller à soupe de raisins secs
1 cuiller à soupe de vinaigre balsamique
1 cuiller à soupe de gomasio (mélange de sésame et de sel, disponible en magasins bio)
1 cuiller à soupe de levure maltée (disponible au rayon diététique)
1 cuiller à soupe de graines de tournesol (ou de graines de courge)
Sel de mer
Poivre aux 5 baies

Coupe les betteraves en petits dés.
Lave l'oignon vert et hache-le finement.
Lave la roquette et égoutte-la.
Concasse grossièrement les noix.
Pèle et tranche les avocats en lamelles.
Mets les betteraves, les avocats, l'oignon vert, la roquette, les raisins secs et les noix dans un saladier.
Verse l'huile, le vinaigre, la sauce soja, le gomasio, la levure, les graines de tournesol, le sel et le poivre dans la salade.
Remue en douceur car les avocats sont fragiles.
À déguster immédiatement.

Purée de **pommes de terre vitelotte**.

Pour 5 personnes.

500 gr de pommes de terre vitelotte (des pommes de terre naturellement violettes)
500 gr de pommes de terre classiques
50 gr de margarine végétale
5 cl de lait
1/2 cuiller à café de noix de muscade en poudre
Sel et poivre aux 5 baies

Pèle les deux sortes de pommes de terre.
Coupe-les en gros morceaux.
Remplis d'eau chaude la moitié d'une grande casserole.
Mets les pommes de terre dans l'eau.
Ajoute une pincée de sel et fais chauffer la casserole à feu fort.
Quand les légumes sont fondants, égoutte-les puis remets-les dans la casserole.
À l'aide d'un presse-purée, réduis les pommes de terre en purée.
Verse le lait, la margarine, la muscade en poudre, le sel et le poivre dans la purée.
Mélange.
À déguster directement.

Petit bonus de fée :
Cette purée violette est idéale pour accompagner des carottes ou des navets rissolés au miel, des brochettes de tofu mariné ou des courgettes farcies, par exemple.

Confit d'**échalotes**.

Pour 4 personnes.

500 gr d'échalotes
15 cl de vinaigre de cidre
4 cuillers à soupe d'huile d'olive
1 cuiller à soupe de raisins secs (facultatif)
1 cuiller à soupe de sauce soja
1 cuiller à soupe de sucre roux
Sel de mer
Poivre aux 5 baies

Mets les raisins secs dans un bol avec le vinaigre.
Laisse-les mariner 30 minutes minimum.
Pèle les échalotes et tranche-les très finement.
Verse l'huile dans une poêle et fais rissoler les échalotes jusqu'à ce qu'elles soient fondantes.
Quand les échalotes sont dorées, saupoudre-les de sucre.
Ajoute la sauce soja, les raisins secs, le vinaigre, le sel et le poivre.
Mélange.
Poursuis la cuisson durant 30 minutes environ en remuant régulièrement.
Retire du feu et mets le confit d'échalotes dans un bocal en verre.
Laisse-le refroidir avant de fermer le couvercle et de le placer au réfrigérateur.

Petit bonus de fée :
Ce confit peut accompagner des légumes et du riz, il peut aussi être étalé sur des toasts avec une couche de « faux-gras » (foie-gras végétal) ou un tartare de tomates fraîches.

Mange ce que ton cœur te dit,

mais écoute un peu de **Vivaldi** !

Si c'est l'hiver à l'extérieur, fais résonner « l'hiver »

de ses « quatre saisons » dans ton salon,

Si tu es en été, essaie donc de manger ton prochain repas

en écoutant « l'été ».

VIOLET

Les véritables recettes de Grand-Mère :
Asperges violettes et sauce au persil.
Pour 4 personnes.

1/2 botte de persil
4 œufs
500 gr d'asperges violettes
150 gr de margarine végétale (ou de beurre)
Sel et poivre aux 5 baies

Coupe les pieds des asperges et pèle-les.
Immerge les asperges dans une casserole d'eau froide salée.
Fais chauffer la casserole à feu moyen.
Fais cuire les asperges jusqu'à ce qu'elles soient tendres (environ 20 mn).
Lave le persil et hache-le.
Dans une deuxième petite casserole, mets la margarine pour la faire fondre.
Ajoute le persil haché et une pincée de sel dans la margarine.
Remue régulièrement à l'aide d'une cuiller en bois.
Pour réaliser les œufs mollets qui accompagneront les asperges, remplis d'eau une troisième casserole et fais-la chauffer à feu fort.
Quand l'eau est en ébullition, plonge les œufs dedans durant 5 minutes.
Dès que le temps est écoulé, égoutte les œufs et passe-les sous le robinet d'eau froide.
Roule-les sur un plan de travail pour craqueler la coquille et retire-la en mettant les œufs dans un saladier d'eau froide, ce sera plus facile.
Dès que les asperges sont cuites, égoutte-les et place-les dans un plat de présentation.
Au moment de servir, dispose les œufs mollets autour des asperges, sale et poivre le tout.
Mets la sauce margarine-persil dans une saucière pour que chacun se serve. Bon appétit !

Navets carmélisés.
Pour 4 personnes.

2 oignons
1 gousse d'ail
500 gr de navets
30 gr de margarine végétale
10 gr de sucre roux
10 cl d'eau chaude
2 cuillers à soupe de miel
2 cuillers à soupe de sauce soja
Sel et poivre aux 5 baies

Pèle les navets et enlève la base verte.
Coupe les navets en rondelles épaisses de 1 cm.
Épluche les oignons et l'ail. Hache-les grossièrement.
Mets la moitié de la margarine dans une casserole et fais-la chauffer à feu doux.
Ajoute les navets, les oignons et l'ail.
Sale et poivre la préparation. Ajoute le sucre, le miel, la sauce soja et l'eau.
Ferme le couvercle de la casserole.
Mélange régulièrement.
Vérifie tout au long de la cuisson s'il y a assez d'eau pour que les légumes n'accrochent pas.
Verse plus d'eau, si besoin.
Laisse cuire environ 30 minutes.
Quelques minutes avant de retirer la casserole du feu, rajoute la seconde moitié de la margarine végétale.
Remue et laisse encore mijoter un peu avant de servir.

Petit bonus de fée :
Le miel est un antioxydant. Il améliore la digestion et soigne les maux de gorge.

Gâteau aux **myrtilles**.
Pour 6 personnes.

Gâteau :

3 œufs
1/2 sachet de levure chimique
200 gr de farine
150 gr de confiture de myrtilles + 80 gr de sucre roux
OU 150 gr de myrtilles fraîches ou surgelées + 100 gr de sucre roux
125 gr de margarine végétale
1 cuiller à café d'extrait de vanille

Garniture :

1/2 citron
80 gr de confiture de myrtilles
50 gr de sucre glace

Sépare les blancs et les jaunes d'œufs.
Dans un saladier, mets les jaunes et le sucre.
Mélange jusqu'à ce que la pâte blanchisse.
Ajoute petit à petit la farine tamisée et la levure. Mélange.
Ajoute la margarine ramollie et l'extrait de vanille.
Mélange pour obtenir une pâte homogène.
Mets la confiture de myrtilles (ou les myrtilles fraîches) dans la pâte.
Monte les blancs en neige à l'aide d'un fouet.
Incorpore délicatement les blancs dans la préparation.
Verse la préparation dans un moule à gâteau beurré.
Enfourne à 180°C pendant 30 minutes environ.
C'est cuit quand la lame d'un couteau en ressort sèche.
Laisse refroidir le gâteau cuit, puis coupe-le en deux horizontalement.
Retire le haut pour étaler la confiture au milieu du gâteau.
Avec précaution, replace le haut sur le bas.
Prépare le glaçage en mélangeant le sucre glace et un peu de jus de citron dans un bol. La consistance doit être assez crémeuse, pas trop liquide.
À l'aide d'une spatule, recouvre de glaçage, le dessus du gâteau.
Laisse durcir le glaçage durant au moins 1 heure.

VIOLET
Petits choux à la **lavande**.
Pour 4 personnes.

<u>Pâte à choux :</u>

2 œufs
75 gr de farine
40 gr de margarine végétale
5 cl d'eau
5 cl de lait
1 cuiller à soupe rase de sucre roux
1 cuiller à café d'extrait de vanille

<u>Garniture :</u>
1 goutte d'huile essentielle de lavande
60 gr de sucre glace
20 cl de crème liquide

Mets la margarine, le sucre roux, l'extrait de vanille, une pincée de sel, le lait et l'eau dans une casserole. Fouette vigoureusement.
Allume le gaz sur feu doux, remue régulièrement.
Laisse bouillir la préparation quelques minutes puis éteins le gaz.
Ajoute la farine tamisée en une seule fois. Mélange avec une cuiller en bois jusqu'à ce que la pâte forme une boule compacte et homogène.
Incorpore, un à un, les œufs, en remuant la préparation.
Quand tous les œufs sont ajoutés et que la pâte est parfaitement homogène, recouvre la plaque du four de papier sulfurisé.
Utilise une poche à douille (ou une cuiller à soupe) pour former de petites boules de 3 cm de diamètre et pose-les bien espacées sur le papier sulfurisé. Place au four à 200°C pendant 15 minutes.
Puis baisse le gaz à 180°C et prolonge la cuisson encore 10 minutes.
Laisse-les refroidir et prépare la crème chantilly.
La crème liquide doit être bien froide.
Verse-la dans un récipient en métal préalablement refroidi au réfrigérateur, ajoute **une seule goutte** d'huile essentielle de lavande et bats au fouet électrique jusqu'à ce que la crème épaississe.
Ajoute le sucre glace dès que la chantilly monte.
Au moment de servir, coupe les choux en deux et remplis-les de chantilly à la lavande, à l'aide d'une douille.

Muffins aux bananes et au cassis

Pour 6 personnes.

2 bananes
2 œufs
160 gr de farine
80 gr de sucre roux
80 gr de cassis (ou de myrtilles)
60 gr de margarine végétale
1 cuiller à café d'extrait de vanille
1 cuiller à café de levure chimique
1 pincée de sel

Sépare les blancs et les jaunes d'œufs.
Mets les jaunes et le sucre dans un saladier.
Bats-les avec un fouet jusqu'à ce que le mélange blanchisse.
Fais fondre la margarine à feu doux dans une petite casserole.
Ajoute la margarine fondue dans les jaunes sucrés. Mélange.
Épluche les bananes et écrase-les en purée.
Verse l'extrait de vanille, la farine tamisée, la levure chimique et la purée de banane dans la préparation.
Remue énergiquement pour obtenir un mélange homogène.
Ajoute les cassis. Mélange.
Monte les blancs en neige à l'aide d'un fouet. Incorpore-les délicatement dans la pâte.
Beurre les moules à muffins et remplis-les de pâte.
Place les moules au four à 180°C pendant 25 minutes environ.
Vérifie régulièrement la cuisson.
Les muffins sont cuits quand la lame d'un couteau en ressort sèche.

Pudding de graines de chia à la poudre d'açaï

Pour 1 personne.

Fruits frais pour la garniture (1/2 banane, des framboises, de la mangue, des fraises, un kiwi,…)
20 cl de lait végétal
2 cuillers à soupe de graines de chia
2 cuillers à soupe de sirop d'érable
1 cuiller à café rase de poudre d'açaï (disponible en magasin bio)
1/2 cuiller à café d'extrait de vanille

Recette à préparer le soir pour le petit-déjeuner du lendemain matin.
Dans une tasse, verse le lait, l'extrait de vanille, le sirop d'érable, la poudre d'açaï et les graines de chia.
Mélange énergiquement.
Place la tasse au réfrigérateur durant toute la nuit.
Le lendemain matin, ton pudding de chia est prêt !
Il ne te reste plus qu'à le garnir avec des rondelles de bananes, quelques fraises tranchées ou les fruits frais dont tu disposes à cette saison.

Petit bonus de fée :
Le pudding de chia est un petit-déjeuner sain, nourrissant et facile à préparer (il suffit juste d'y penser la veille).
Tu peux saupoudrer une cuillerée de poudre de baies d'açaï dans un smoothie, un milk-shake ou un jus d'orange pressé !
Les vertus des baies d'açaï sont innombrables. Elles font partie des « superaliments ».

VIOLET

Boisson chaude aux **canneberges**.

Pour 6 personnes.

1 citron bio ou non traité (pour le zeste)
2 graines de cardamome
2 clous de girofle
1 anis étoilé (badiane)
1/2 cm de gingembre frais
80 gr de canneberges (baies séchées disponibles en magasin bio)
1 litre d'eau
1/2 cuiller à café de cannelle en poudre OU 1 bâton de cannelle

Râpe le zeste du citron puis coupe-le en deux pour le presser.
Verse le litre d'eau dans une casserole, ajoute le jus et le zeste du citron.
Pèle et coupe le gingembre en quatre.
Mets tous les ingrédients dans la casserole d'eau et de citron.
Fais chauffer sur feu moyen.
Quand l'eau bout, laisse-la bouillir 10 minutes, puis retire la casserole du feu.
Laisse la préparation infuser pendant au moins 2 heures.
Filtre la boisson afin de ne garder que le liquide.
Cette boisson se déguste froide ou chaude.

Petit bonus de fée :
Si tu ne possèdes pas de canneberges, tu peux les remplacer par des cranberries séchées.

Salade de **feuille de chêne**
et fromage de chèvre chaud au miel.
Pour 4 personnes.

8 noix
1 bûche de fromage de chèvre (180 gr)
4 tranches de pain complet
1 salade « feuille de chêne »
1 échalote
6 cuillers à soupe d'huile d'olive
2 cuillers à soupe de vinaigre de cidre
1 cuiller à soupe de gomasio (mélange de sésame et de sel, disponible en magasins bio)
1 cuiller à soupe de levure maltée (disponible au rayon diététique)
1 cuiller à soupe de sauce soja
4 cuillers à café de miel
1 cuiller à café de moutarde
Herbes de Provence

Lave et essore la salade. Mets-la dans un saladier.
Prépare la vinaigrette en mélangeant la moutarde et l'huile, puis le vinaigre, le sel, le poivre et la sauce soja.
Pèle et hache finement l'échalote.
Concasse grossièrement les cerneaux de noix.
Ajoute l'échalote, les noix, la vinaigrette, le gomasio et la levure dans la salade. Mélange.
Sers un peu de salade dans chaque assiette.
Dispose les tranches de pain sur la plaque du four.
Verse un filet d'huile d'olive sur chaque tranche.
Coupe la bûche de chèvre en quatre.
Pose un morceau de fromage sur chaque tranche de pain.
Saupoudre les fromages d'herbes de Provence et de poivre.
Ajoute une cuiller à café de miel sur chaque fromage.
Place la plaque au four à 180°C pendant 5 minutes environ.
Dispose chaque toast de chèvre à côté de la salade.

C'EST L'HEURE D'UN SMOOTHIE BLEU !

Pour 1 personne.

1 banane surgelée (elle a été mise au congélateur coupée en tranches)
5 noix de cajou (ayant trempé au moins 4 heures dans l'eau, si possible)
3 dattes dénoyautées OU 1 cuiller à café de sucre de canne
5 baies de goji séchées (facultatif)
70 gr de myrtilles (fraîches, surgelées OU 3 cuillers à soupe de confiture de myrtilles)
15 cl de lait d'amande (ou autre lait)
5 cl de jus d'orange
1 cuiller à soupe de flocons d'avoine

Coupe la banane en tranches du congélateur.
Mets-la dans un blender ainsi que tous les autres ingrédients.
Mixe la préparation durant deux minutes afin que le mélange soit bien homogène.
À déguster immédiatement !
Ce smoothie est un petit-déjeuner idéal, mais aussi un goûter parfait.
Il peut même remplacer un repas si tu as envie de manger léger.

Petits bonus de fée :
Il existe des pailles en inox réutilisables !
Les baies de goji font partie des superaliments. Avec une dose minime, les apports nutritifs sont énormes.

Recette d'une **Assiette Bleue** !

**Compose-toi une assiette
avec des aliments naturellement bleus,
par exemple :**

Du chou rouge cuit (voir recette page suivante),
Saupoudre-le de graines de pavot,
Ajoute deux tranches de pain de seigle
accompagné d'un morceau de roquefort
ou d'un autre « bleu ».
Une figue à la peau bleutée.
Et des raisins noirs.

Chou rouge cuit aux pommes.
Pour 5 personnes.

1 chou rouge
2 oignons
4 pommes
6 cuillers à soupe d'huile d'olive
2 cuillers à soupe de vinaigre de cidre
1 cuiller à soupe de sauce soja
1 cuiller à café de curry
1/2 cuiller à café de curcuma
Sel et poivre aux 5 baies

Lave le chou rouge et tranche-le en lamelles le plus finement possible.
Pèle les pommes et les oignons. Coupe les pommes en petits morceaux et émince l'oignon.
Verse l'huile dans une grande casserole. Fais-la chauffer à feu moyen.
Ajoute le chou rouge, les pommes et les oignons dans la casserole.
Mélange.
Laisse rissoler 5 minutes, puis ajoute le vinaigre, la sauce soja, le curry, le curcuma, le sel et le poivre.
Couvre la casserole. Et baisse le feu au minimum.
Fais cuire durant 30 minutes environ, en remuant régulièrement.
Vérifie constamment si les légumes n'accrochent pas au fond de la casserole.
Si besoin, ajoute un peu d'eau.

Petit bonus de fée :
N'hésite pas à adapter cette recette de chou rouge en le remplaçant par du chou blanc. Cela sera tout aussi délicieux !

Calme et volupté avec un repas aux chandelles

tout en écoutant une œuvre de Satie !

Verrines de tiramisu au **cassis**.

Pour 6 personnes.

15 biscuits à la cuiller (100 gr)
1 grand verre de jus d'ananas (ou d'orange)
300 gr de cassis frais ou surgelés (ou de myrtilles)
170 gr de mascarpone
80 gr de sucre roux pour le mascarpone + 40 gr pour le cassis
20 cl de crème liquide
1 cuiller à café d'extrait de vanille

Réserve quelques cassis pour la décoration.
Mixe le cassis lavé afin d'obtenir un mélange homogène.
Saupoudre la préparation de 40 gr de sucre roux et mélange avec une cuiller en bois. Réserve.
Verse le mascarpone, l'extrait de vanille, les 80 gr de sucre roux et la crème liquide bien froide dans un récipient en métal (de préférence), préalablement refroidi au réfrigérateur.
Monte cette crème en chantilly à l'aide d'un fouet électrique. Réserve.
Verse le jus d'ananas dans une assiette creuse.
Un à un, trempe les boudoirs dans le jus et pose-les au fond des verrines.
Ajoute ensuite la préparation de cassis.
Et finis en répartissant la crème chantilly dans chaque verrine.
Mets les verrines au réfrigérateur toute une nuit.
Bonne dégustation !

Tarte aux **bleuets** (« **myrtilles** » au Canada).
Pour 6 personnes.

La pâte sablée :

1 œuf
1 pincée de sel
250 gr de farine
140 gr de beurre
100 gr de sucre roux

La garniture :
400 gr de myrtilles fraîches ou surgelées
100 gr de sucre roux
5 cuillers à soupe de poudre d'amande

Casse l'œuf dans un saladier. Ajoute le sucre et le sel.
Fouette énergiquement jusqu'à ce que le mélange blanchisse.
Ajoute, petit à petit, la farine tamisée. Malaxe avec les mains.
Ajoute le beurre ramolli dans la préparation.
Pétris jusqu'à ce que la pâte soit homogène.
Forme une boule et place-la dans un grand bol recouvert d'une assiette.
Laisse-la reposer pendant 1 heure au réfrigérateur.
Prépare la garniture. Mets les trois quarts des myrtilles dans un saladier.
Écrase-les au presse-purée.
Ajoute les 100 gr de sucre roux et la poudre d'amande. Mélange.
Rajoute le reste des myrtilles entières dans la préparation. Remue doucement.
Saupoudre de farine ta surface de travail. Étale la pâte avec un rouleau à pâtisserie afin qu'elle ait environ ½ cm d'épaisseur.
Mets-la dans un moule à tarte beurré et perce-la de petits trous avec une fourchette.
Verse la préparation à base de myrtilles sur la pâte sablée.
Si tu as un surplus de pâte, dispose des croisillons au-dessus des myrtilles en guise de décoration.
Place la tarte au four durant environ 35 minutes à 180°C.

Porridge banane et **graines de pavot**.

Pour 1 personne.

2 abricots secs ou pruneaux
1 abricot frais ou autre fruit frais
1 banane
20 cl de lait d'amande (ou autre lait)
5 cuillers à soupe de flocons d'avoine
1 cuiller à soupe de sirop d'érable
1 cuiller à café de graines de pavot (ou de graines de chia)
1/2 cuiller à café d'extrait de vanille

Coupe les abricots secs (ou pruneaux) en petits morceaux.
Verse le lait dans une casserole.
Fais chauffer à feu doux.
Quand le lait bout, ajoute les flocons d'avoine et les abricots secs (ou pruneaux).
Mélange constamment à l'aide d'une cuiller en bois.
Laisse mijoter pendant 15 minutes environ en remuant.
Mets le porridge dans un grand bol.
Ajoute les graines de pavot (ou de chia) et le sirop d'érable. Mélange.
Place les fruits frais comme garniture. Une banane en rondelles, des lamelles d'abricot, des fraises, des kiwis…
À déguster directement.

Petit bonus de fée :
La banane est riche en potassium, cela favorise la concentration et l'apprentissage.

Sponge cake à la **lavande.**
Pour 6 personnes.

200 gr de farine
200 gr de margarine végétale
200 gr de sucre roux
80 gr de sucre glace
4 œufs
1/2 citron
2 gouttes d'huile essentielle de lavande
1/2 sachet de levure chimique

Dans un saladier, mets la margarine ramollie et le sucre.
Bats au fouet pour que le mélange devienne crémeux.
Sépare les blancs et les jaunes d'œufs.
Ajoute, l'un après l'autre, les jaunes dans la margarine sucrée. Bats énergiquement.
Verse **2 gouttes** d'huile essentielle de lavande dans la préparation. Mélange.
Mets la farine tamisée et la levure dans la pâte. Mélange.
À l'aide d'un fouet, monte les blancs d'œufs en neige.
Ajoute délicatement les blancs à la pâte.
Beurre un moule à gâteau. Remplis-le de pâte.
Place au four à 180°C pendant 30 minutes environ.
Vérifie régulièrement la cuisson.
Enfonce un couteau au centre du gâteau. S'il ressort sec, le gâteau est cuit.
Sors-le du moule quand il a un peu tiédi.
Dès qu'il est bien refroidi, prépare le glaçage.
Presse le demi-citron.
Mets le sucre glace dans un bol et ajoute le jus de citron petit à petit.
Remue à l'aide d'une fourchette.
Si besoin, ajoute quelques gouttes d'eau pour obtenir la bonne consistance.
Étale le glaçage au-dessus du sponge cake.
Laisse durcir le glaçage durant au moins 1 heure avant de déguster.

Vive les **FLEURS BLEUES** comestibles !

Excellentes pour la santé, les fleurs fraîches
servent aussi à décorer une salade,
un dessert, un smoothie bowl,…

Séchées, elles peuvent s'utiliser en tisane
ou pour parfumer une crème dessert,
une tarte aux abricots, une charlotte,…

Fleurs de **Bleuet**

Fleurs de la **Centaurée**

Fleurs de **pensée**

Fleurs de **bourrache**

Fleurs de **romarin**

Brochettes de tofu et de **raisins noirs**.

Pour 5 personnes.

7 brins de coriandre fraîche
250 gr de tofu
250 gr de champignons de Paris frais
250 gr de raisins noirs frais
6 cuillers à soupe d'huile d'olive
2 cuillers à soupe de sirop d'érable
2 cuillers à soupe de sauce soja
1 cuiller à soupe de moutarde
1 cuiller à soupe bombée de beurre de cacahuètes
1 cuiller à café d'herbes de Provence
1 cuiller à café de curry
1/2 cuiller à café de curcuma
Sel et poivre aux 5 baies

Coupe le tofu en gros cubes que tu pourras piquer sur des brochettes.
Lave rapidement les champignons s'ils ont un peu de terre et ôte la base du pied.
Lave les raisins noirs et retire-les de la grappe.
Rince la coriandre et hache-la finement.
Prépare la marinade dans un bol en mélangeant l'huile, le sirop d'érable, la sauce soja, la moutarde,
la coriandre hachée, le beurre de cacahuètes, les épices, le sel et le poivre.
Pique les tofus, les champignons et les raisins en alternance sur les brochettes.
Enduis les tofus et les champignons de marinade à l'aide d'un pinceau de cuisine.
Place les brochettes au barbecue ou sur une grande poêle pour les cuire 15 minutes environ.

Purée de **courge bleue de Hongrie** aux épices.

Pour 5 personnes.

2 gousses d'ail
1 kg de courge bleue de Hongrie
50 gr de margarine végétale
5 cl de lait
1 cuiller à café de curry
1/2 cuiller à café de muscade en poudre
Sel de mer
Poivre aux 5 baies

Coupe la courge en deux pour en ôter les graines.
Tranche-la en gros morceaux. Pèle les morceaux à l'aide d'un couteau.
Mets les morceaux dans une grande casserole avec un fond d'eau.
Allume le gaz sur feu moyen.
Pèle l'ail et hache-le finement.
Sale la courge. Et ajoute l'ail dans la casserole.
Laisse mijoter pendant 20 minutes environ.
Remue avec une cuiller en bois et vérifie régulièrement la cuisson.
Quand la courge est fondante, éteins le gaz.
Réduis-la en purée avec un presse-purée.
Saupoudre de curry, de muscade, de poivre et de sel.
Ajoute la margarine et le lait. Mélange. C'est prêt !

Petit bonus de fée :
S'il t'est impossible de trouver une courge bleue de Hongrie, utilise un potiron ou une courge classique, ce sera parfait aussi !

Une branche de **lavande** séchée
(dont les fleurs sont bleues)
te fera le plus grand bien !

Mets 30 cl d'eau dans une casserole.
Rajoute la branche de lavande séchées.
Laisse bouillir durant environ 5 minutes.
Verse cette infusion dans une tasse
avec une cuiller à café de miel.
Bonne dégustation !

Petit bonus de fée :
La lavande permet d'apaiser l'anxiété et elle favorise le sommeil.

Smoothie bowl aux **fruits des bois**.
Pour 1 personne.

<u>Le smoothie :</u>
1 banane surgelée (elle a été mise au congélateur coupée en tranches)
5 noix de cajou (ayant trempé au moins 4 heures dans l'eau, si possible)
3 dattes dénoyautées OU 1 cuiller à café de sucre de canne
5 baies de goji séchées (facultatif)
50 gr de cassis frais ou surgelés
50 gr de framboises fraîches ou surgelées
50 gr de mûres fraîches ou surgelées
15 cl de lait de coco (ou autre lait végétal)
1 cuiller à soupe de flocons d'avoine

<u>Le topping :</u>
1 kiwi, des fraises, de la mangue ou n'importe quel fruit frais
2 cuillers à soupe de granola
1 cuiller à café de graines de tournesol décortiquées
1 cuiller à café de graines de chia

Mets la banane surgelée dans un blender.
Ajoute les cassis, les framboises, les mûres, le lait de coco, les noix de cajou, les baies de goji, les dattes et les flocons d'avoine.
Mixe pendant quelques minutes afin que tous les ingrédients soient bien réduits en purée.
Verse le smoothie dans un large bol.
Saupoudre sur le smoothie une bande de graines de chia. Puis une deuxième bande de graines de tournesol.
Une troisième bande avec du granola.
Et une ou deux bandes avec des fruits frais coupés en petits morceaux.
Ce smoothie bowl se mange à la cuiller.
À déguster immédiatement !
Ce smoothie bowl est un petit-déjeuner idéal, mais aussi un goûter parfait. Il peut même remplacer un repas si tu as envie de manger léger.

BOIS UN GRAND VERRE D'EAU FRAÎCHE !

Crumble aux **prunes**.
Pour 6 personnes.

700 gr de prunes
140 gr de farine
140 gr de sucre roux
100 gr de beurre
40 gr de poudre d'amande
20 gr de flocons d'avoine
1 cuiller à soupe bombée de sésame
1/2 cuiller à café d'extrait de vanille
1/2 cuiller à café de cannelle
1/2 cuiller à café de gingembre en poudre
1 pincée de sel

Dans un saladier, verse la farine, le sucre, les flocons d'avoine, la poudre d'amande, le sésame, le sel et l'extrait de vanille.
Mélange.
Ajoute le beurre ramolli dans la préparation.
Malaxe avec les mains jusqu'à ce que la pâte s'effrite. Réserve.
Coupe les prunes en quatre et ôte les noyaux.
Mets les prunes dans un saladier, ajoute la cannelle et le gingembre en poudre.
Mélange.
Dispose les prunes dans un plat et recouvre-les avec la préparation de crumble.
Place au four pendant environ 40 minutes à 180°C.
Vérifie régulièrement la cuisson. Le crumble est prêt quand il est bien doré.

Petit bonus de fée :
Si tu n'as pas de prunes, n'hésite pas à adapter cette recette avec des pommes ou les fruits que tu as sous la main. Rappelle-toi que rien n'arrive par hasard et que tout est parfait !

Ragoût végétarien aux prunes.
Pour 4 personnes.

10 prunes (ou 10 pruneaux)
4 pommes de terre
4 carottes
2 courgettes
2 oignons
3 poireaux
3 gousses d'ail
2 feuilles de laurier
1 bâton de cannelle
60 gr d'olives vertes dénoyautées
20 cl de crème de soja
4 cuillers à soupe d'huile d'olive
1 cuiller à café de curry
1 cuiller à café de paprika
1 cuiller à café d'herbes de Provence
1/2 cuiller à café de curcuma
Sel et poivre aux 5 baies

Pèle les pommes de terre, les carottes, l'ail et les oignons.
Coupe les pommes de terre et les courgettes en gros dés.
Tranche les carottes et les poireaux en rondelles.
Hache finement les oignons et l'ail.
Coupe les prunes en deux et ôte les noyaux.
Verse l'huile d'olive dans une casserole et mets-la à chauffer sur feu moyen. Ajoute les oignons et l'ail pour les faire rissoler.
Quand ils sont dorés, ajoute les carottes, les pommes de terre, les courgettes, les poireaux, les olives dénoyautées, les prunes, le laurier, la cannelle et les épices.
Arrose d'un peu d'eau pour que les légumes n'accrochent pas.
Ferme le couvercle et laisse mijoter durant environ 40 minutes.
Remue souvent et vérifie constamment la cuisson et s'il ne faut pas rajouter d'eau.
Dès que les légumes sont fondants, verse la crème liquide de soja.
Mélange et c'est prêt !

Salade de poires au **roquefort**.
Pour 4 personnes.

2 poires
1 salade
7 noix
100 gr de roquefort
4 cuillers à soupe d'huile d'olive
1 cuiller à soupe de raisins secs
1 cuiller à soupe rase de graines de courge
1 cuiller à soupe rase de graines de tournesol
1 cuiller à soupe de vinaigre balsamique
1 cuiller à soupe de gomasio (mélange de sésame et de sel, disponible en magasins bio)
1 cuiller à soupe de levure maltée (disponible au rayon diététique)
Sel et poivre aux 5 baies

Retire la base de la salade. Lave-la et essore-la.
Mets-la dans un saladier.
Concasse grossièrement les noix décortiquées. Réserve.
Tranche le roquefort en petits dés de 1 cm.
Verse l'huile d'olive et le vinaigre balsamique dans un grand bol, ajoute le roquefort et mélange.
Ajoute les graines de courge, de tournesol, le gomasio, la levure maltée, le sel et le poivre. Remue.
Pèle les poires et coupe-les en lamelles.
Dispose-les dans chaque assiette en un joli éventail.
Mets un peu de salade à côté des poires et parsème-la de raisins secs et de brisures de noix.
Propose le bol de vinaigrette aux convives afin qu'ils mettent la quantité désirée de sauce au roquefort sur leur salade.

Flan de courgettes et **bleu d'Auvergne**.

Pour 4 personnes.

2 œufs
2 gousses d'ail
1 kg de courgettes
125 gr de bleu d'Auvergne
20 cl de crème liquide de noix de coco (ou de riz, de millet ou de soja)
20 cl de lait (végétal ou de vache)
1 cuiller à soupe de sauce soja
1 cuiller à café de curry
1 cuiller à café de paprika
1 cuiller à café d'herbes de Provence
1/2 cuiller à café de curcuma
Poivre aux 5 baies

Coupe les courgettes en petits cubes.
Dispose les dés de courgettes dans un plat à gratin beurré.
Pèle l'ail. Hache-le finement.
Mets les œufs dans un saladier et bats-les avec un fouet.
À l'aide d'une fourchette, écrase le bleu d'Auvergne et ajoute-le aux œufs.
Ajoute la crème liquide et le lait dans le saladier. Mélange.
Ajoute l'ail, la sauce soja, le curry, le paprika, les herbes de Provence, le curcuma et le poivre dans le saladier. Mélange.
Verse la préparation sur les courgettes.
Fais cuire le plat au four à 200°C durant environ 1 heure.
Vérifie régulièrement la cuisson.
Ce flan se mange chaud ou froid, selon tes préférences.

VERT

C'EST L'HEURE D'UN SMOOTHIE VERT !

Pour 1 personne.

1 banane surgelée (elle a été mise au congélateur coupée en tranches)
1 kiwi
1 feuille d'épinard
5 noix de cajou (ayant trempé au moins 4 heures dans l'eau, si possible)
3 dattes dénoyautées OU 1 cuiller à café de sucre de canne
5 baies de goji séchées (facultatif)
15 cl de lait végétal
1 cuiller à soupe de flocons d'avoine

Sors la banane coupée en tranches du congélateur et mets-la dans un blender.
Pèle le kiwi et coupe-le grossièrement.
Place le kiwi, la feuille d'épinard lavée et tous les autres ingrédients dans le blender.
Mixe pendant plusieurs minutes jusqu'à ce que le mélange soit homogène.
À déguster tout de suite !
Ce smoothie est un petit-déjeuner idéal, mais aussi un goûter parfait.
Il peut même remplacer un repas si tu as envie de manger léger.

Petits bonus de fée :
Il existe des pailles en inox réutilisables !
Les baies de goji font partie des superaliments. Avec une dose minime, les apports nutritifs sont énormes.

Et si tu faisais une cure de **pommes vertes** aujourd'hui ?

En jus de fruits, à croquer, pelée, râpée ou en chips déshydratées,

ton corps a besoin des bienfaits d'une ou plusieurs pommes.

Thé 𝓜agique de Non-Anniversaire à la **menthe**
d'Alice au Pays des Merveilles !

Pour 4 personnes.

3 branches de menthe fraîche
1 litre d'eau
1 cuiller à soupe bombée de sucre roux
1 cuiller à café de thé vert de Chine
1 cuiller à café d'eau de fleurs d'oranger (facultatif)

Chauffe l'eau dans une bouilloire.
Lave la menthe.
Mets le thé dans un bol.
Lorsque l'eau bout, mets-en un peu dans le bol de thé.
Laisse infuser 30 secondes en remuant, puis vide le bol au-dessus d'un tamis.
Cela permet d'ôter l'amertume du thé.
Mets le thé dans une théière équipée d'un filtre. Remplis-la d'eau bouillante.
Ajoute les feuilles de menthe en les enfonçant totalement dans l'eau.
Saupoudre d'une cuiller bombée de sucre.
Afin que le sucre se mélange correctement avec le thé, remplis un verre de thé puis reverse-le dans la théière.
Renouvelle plusieurs fois cette opération.
Laisse infuser quelques minutes.
Puis ajoute l'eau de fleurs d'oranger.
Au moment de servir, lève la théière très haut afin de bien aérer le thé.
Verse dans des tasses ou des verres à thé.
Tu peux accompagner ce goûter d'un gâteau de non-anniversaire.

Je te souhaite un très joyeux non-anniversaire aujourd'hui !

Cookies au **thé matcha** et au chocolat blanc.

Pour 5 personnes.

1 œuf
200 gr de farine
150 gr de sucre roux
120 gr de margarine végétale
100 gr de chocolat blanc
1 cuiller à soupe de poudre de thé matcha
1 pincée de levure chimique

Dans un saladier, mets la margarine ramollie et le sucre.
Mélange à l'aide d'une cuiller en bois pour obtenir une consistance crémeuse.
Ajoute l'œuf et mélange.
Tamise la farine et la levure au-dessus du saladier. Mélange.
Quand la pâte est homogène, ajoute le thé matcha.
La pâte doit être assez compacte, pas liquide. Si besoin, rajoute un peu de farine.
Casse la plaque de chocolat blanc en petits morceaux de la taille de pépites.
Incorpore les pépites dans la préparation.
À l'aide d'une cuiller à soupe, prélève un peu de pâte et dispose-la sur une plaque de four beurrée.
Espace les petits tas de pâte afin qu'ils puissent gonfler sans se toucher en cuisant.
Enfourne la plaque à 200°C durant environ 10 minutes.
Vérifie régulièrement la cuisson.
Les cookies sont prêts quand ils sont légèrement dorés.

Recette d'une Assiette Verte !
Compose-toi une assiette avec des aliments verts :

Des légumes verts crus :
Feuilles d'épinard, petits pois, salade, émincé de poivrons verts,
roquette, graines germées de lentilles vertes…
Et/ou cuits :
Poireaux à la vinaigrette, asperges vertes,
courgettes grillées, chou vert farci…
Ajoute une tranche de pain complet recouverte d'un écrasé d'avocat
saupoudré de gomasio (mélange de sésame et de sel)
et d'herbes de Provence.
Arrose le tout d'une sauce vinaigrette à la coriandre (recette ci-dessous).
Répands une pincée de pistaches concassées
ou de graines de courge.

Sauce vinaigrette au citron vert et à la coriandre :

1 citron vert (bio ou non traité pour le zeste)
4 brins de coriandre fraîche
1/2 échalote
8 cuillers à soupe d'huile d'olive
2 cuillers à soupe de vinaigre balsamique
1 cuiller à soupe de sauce soja
Sel et poivre aux 5 baies

Pèle la demi-échalote et hache-la finement.
Prélève le zeste du citron vert. Puis presse-le.
Coupe finement la coriandre fraîche.
Verse le jus de citron vert dans un bol.
Ajoute tous les autres ingrédients et mélange énergiquement.
C'est prêt !

Tzatziki de **concombre** et **graines germées**.

Pour 4 personnes.

1 concombre
Des graines germées (en guise de décoration)
3 yaourts à la grecque
1 gousse d'ail
1/2 citron
4 brins de menthe
2 cuillers à soupe d'huile d'olive
Sel et poivre aux 5 baies

Pèle et râpe le concombre.
Place-le dans un tamis au-dessus d'un saladier. Laisse-le dégorger pendant 20 minutes.
Pèle l'ail et réduis-le en purée à l'aide d'un presse-ail.
Lave la menthe et hache finement les feuilles.
Presse le demi-citron.
Mets les yaourts dans un saladier, ajoute le concombre râpé, la purée d'ail, la menthe, le jus de citron, l'huile d'olive, le sel et le poivre.
Mélange.
Place le tzatziki au réfrigérateur pendant au moins 30 minutes avant de servir.

Petit bonus de fée :
À présenter sur l'assiette avec une poignée de graines germées, des toasts grillés ou des poivrons farcis, par exemple.
La menthe est riche en fer et en vitamine C. Elle est excellente pour la digestion.

Riz cantonais aux **petits pois**.

Pour 4 personnes.

2 carottes
2 oignons
2 œufs
2 gousses d'ail
300 gr de riz
150 gr de petits pois
50 cl d'eau
4 cuillers à soupe d'huile d'olive
1 cuiller à soupe de sauce soja
Sel de mer
Poivre aux 5 baies

Épluche les carottes et coupe-les en petits dés.
Pèle les oignons et l'ail. Hache-les finement.
Verse l'huile dans une casserole et fais-la chauffer à feu moyen.
Ajoute les oignons et l'ail pour les faire rissoler quelques minutes.
Mets ensuite les carottes, les petits pois et le riz.
Fais bouillir les 50 cl d'eau dans une bouilloire
Arrose le riz et les légumes avec l'eau bouillante.
Ajoute la sauce soja, le sel et le poivre.
Couvre la casserole et mélange régulièrement.
Mets plus d'eau si le riz accroche alors qu'il n'est pas encore cuit.
En fin de cuisson, casse les œufs dans un bol et bats-les à l'aide d'une fourchette.
Répands ce mélange sur le riz qui mijote encore sur le feu.
Remue énergiquement pour que les œufs soient uniformément répartis et bien cuits.

Poireaux et vinaigrette au miel.

Pour 4 personnes.

3 tomates
1 échalote
1 kg de poireaux
8 cuillers à soupe d'huile d'olive
2 cuillers à soupe de vinaigre balsamique
1 cuiller à soupe de miel
1 cuiller à soupe de gomasio (mélange de sésame et de sel, disponible en magasins bio)
1 cuiller à café de moutarde
Sel et poivre aux 5 baies

Coupe les poireaux en rondelles et lave-les.
Verse un fond d'eau dans une casserole et fais-la chauffer à feu moyen.
Ajoute les poireaux et un peu de sel. Ferme le couvercle.
Laisse cuire pendant 20 minutes environ.
Vérifie régulièrement la cuisson et rajoute de l'eau si nécessaire.
Quand les poireaux sont fondants, éteins le gaz.
Place les poireaux dans un plat afin qu'ils refroidissent.
Pèle l'échalote et hache-la finement.
Coupe les tomates en petits dés.
Mets-les dans un second plat avec l'échalote.
Prépare la vinaigrette dans un bol avec la moutarde, le miel, l'huile, le vinaigre, le gomasio, le sel et le poivre.
Mélange énergiquement.
Dispose des poireaux et des tomates sur chaque assiette et arrose-les de vinaigrette.
Les poireaux à la vinaigrette s'accompagnent parfaitement de riz dans lequel tu peux ajouter une cuiller à soupe d'huile de coco lors de sa cuisson.

Guacamole d'avocats avec une touche de spiruline.

Pour 4 personnes.

2 avocats
1/2 citron
1 gousse d'ail
10 noix de cajou (ayant trempé dans l'eau durant 4 heures, de préférence)
10 baies de goji
2 cuillers à soupe d'huile d'olive
1 cuiller à soupe de graines de tournesol (facultatif)
1 cuiller à soupe de sauce soja
1/2 cuiller à café de spiruline
1/2 cuiller à café de paprika
Sel et poivre aux 5 baies

Coupe les avocats en deux, retire le noyau et ôte leur chair à l'aide d'une cuiller.
Mets la chair dans un bol hachoir électrique.
Presse le demi-citron et verse le jus sur les avocats. Mixe jusqu'à ce que la préparation soit homogène.
Transvase la purée d'avocat dans un saladier.
Pèle l'ail et hache-le finement.
Place l'ail, les noix de cajou et les baies de goji dans le bol hachoir électrique.
Verse l'huile et la sauce soja dans le bol hachoir.
Ajoute la spiruline, le paprika, le sel et le poivre.
Mixe la préparation pour obtenir une purée homogène.
Ajoute la purée de noix de cajou à la purée d'avocats.
Mélange pour que les deux purées se fondent l'une dans l'autre.
Le guacamole est prêt !

Une micro dose d'**huile essentielle de menthe poivrée**

(Ou une infusion de menthe fraîche) te fera le plus grand bien !

Prends une cuiller à soupe de miel et
ajoute **une seule goutte** d'huile essentielle de menthe poivrée.

Mélange ce miel parfumé dans une tasse d'eau chaude ou une tisane.
Tu peux aussi verser une goutte d'huile essentielle sur le sachet de thé
ou de tisane juste avant de le tremper dans l'eau bouillante.

Petit bonus de fée :
L'huile essentielle de menthe favorise la digestion.
Elle apaise aussi le stress et la nervosité.

Information importante :
Il est fortement déconseillé aux femmes enceintes et
aux enfants de moins de 6 ans de consommer des huiles essentielles.

Courgettes sauce « Yassa » et olives vertes.
Pour 4 personnes.

4 courgettes
2 carottes
4 oignons
2 gousses d'ail
1 citron
1 feuille de laurier
80 gr d'olives vertes dénoyautées
60 cl d'eau
4 cuillers à soupe d'huile d'olive
2 cuillers à soupe de moutarde
1 cuiller à soupe de sauce soja
1 cuiller à soupe de vinaigre de vin
1 cuiller à café d'herbes de Provence

Presse le citron.
Pèle l'ail et hache-le finement.
Prépare la marinade avec le jus de citron, l'ail, la sauce soja, l'huile, la moutarde, le vinaigre, le laurier, les herbes de Provence, du sel et du poivre dans un saladier. Mélange.
Pèle les carottes et coupe-les en bâtonnets.
Coupe les courgettes en rondelles épaisses.
Épluche les oignons et émince-les.
Mets les carottes, les courgettes, les olives dénoyautées et les oignons dans le saladier contenant la marinade.
Mélange afin que les légumes soient recouverts de marinade.
Place le saladier au réfrigérateur durant minimum 4 heures.
Sors le saladier du réfrigérateur et verse un peu d'huile dans une casserole. Mets-la à chauffer à feu moyen.
Verse la préparation dans la casserole et remue régulièrement.
Dès que les légumes sont dorés, ajoute l'eau et laisse encore mijoter durant environ 30 minutes. Remue régulièrement durant la cuisson.
Ce plat s'accompagne de riz. Pour parfumer le riz, tu peux ajouter une cuiller à soupe d'huile de coco lors de sa cuisson.

Spaghettis à la carbonara végétarienne aux **petits pois** 𝓜agiques de la Princesse.
Pour 4 personnes.

2 carottes
2 oignons
2 œufs
2 gousses d'ail
5 feuilles de basilic
500 gr de spaghettis
500 gr de petits pois
120 gr de parmesan
4 cuillers à soupe d'huile d'olive
2 cuillers à soupe de sauce soja
1/2 cuiller à café de curry
1/2 cuiller à café de paprika
1/2 cuiller à café de curcuma

Écosse les petits pois s'il s'agit de petits pois frais.
Pèle l'ail et l'oignon. Émince-les.
Épluche les carottes et coupe-les en petits cubes.
Verse l'huile d'olive dans une poêle et chauffe-la à feu moyen.
Ajoute les oignons, les carottes et l'ail. Remue régulièrement.
Quand ils sont bien dorés, ajoute les petits pois, la sauce soja, le curry, le paprika, le curcuma, du sel et du poivre. Laisse mijoter à couvert durant 15 minutes environ.
Quand les légumes sont fondants, réserve au chaud.
Verse de l'eau dans une grande casserole afin de cuire les pâtes. Ajoute du sel et fais chauffer à feu vif.
Hache finement les feuilles de basilic.
Mets le parmesan et les œufs dans un saladier avec un peu de sel et de poivre. Bats au fouet et réserve.
Quand l'eau bout, plonge les spaghettis dedans et mélange avec une cuiller en bois. Dès qu'ils sont « al dente », égoutte-les.
Mets-les dans le saladier contenant l'œuf et le parmesan. Mélange.
Ajoute les légumes et le basilic puis mélange encore.

C'est le moment de boire un citron pressé chaud au **thym** !

Fais chauffer 30 cl d'eau avec une branche de thym séchée.

Laisse-la bouillir pendant 5 minutes.

Puis verse l'infusion dans une tasse.

Presse un citron et mets le jus dans l'eau chaude.

Ajoute une cuiller à soupe de miel.

Bonne dégustation !

Petit bonus de fée :
Le thym a un effet apaisant pour l'anxiété.

Smoothie bowl **kiwi, menthe** et **épinard**.
Pour 1 personne.

Le smoothie :
1 banane surgelée (elle a été mise au congélateur coupée en tranches)
1 kiwi
1/2 mangue
2 feuilles de menthe
2 feuilles d'épinard
1 yaourt au soja
5 noix de cajou (ayant trempé au moins 4 heures dans l'eau, si possible)
3 dattes dénoyautées OU 1 cuiller à café de sucre de canne
5 baies de goji séchées (facultatif)
10 cl de jus de pomme
1 cuiller à soupe de flocons d'avoine

Le topping :
10 pistaches
10 baies de goji
1 cuiller à soupe de granola
1 cuiller à soupe de graines de courge
1 cuiller à soupe de noix de coco râpée

Mets les tranches de banane surgelée dans un blender.
Pèle le kiwi et la demi-mangue. Coupe-les en morceaux.
Lave la menthe et l'épinard.
Ajoute le kiwi, la mangue, la menthe, l'épinard, le yaourt, le jus de pomme, les noix de cajou, les baies de goji, les dattes dénoyautées et les flocons d'avoine dans le blender.
Mixe durant quelques minutes afin que le mélange soit homogène.
Verse le smoothie dans un grand bol.
Pose une bande de granola, une petite bande de graines de courge, une petite bande de baies de goji, une bande de noix de coco râpée.
Concasse les pistaches décortiquées et ajoute une dernière bande de pistaches concassées. Ce smoothie bowl se mange à la cuiller.

Falafels à la chlorelle.
Pour 4 personnes.

1 oignon
2 gousses d'ail
1 citron
5 brins de persil plat
5 brins de coriandre fraîche
350 gr de pois chiches déshydratés
4 cuillers à soupe d'huile d'olive
2 cuillers à soupe de farine
1 cuiller à soupe de sésame
2 cuillers à café de cumin en poudre
1 cuiller à café de paprika
1 cuiller à café de chlorelle en poudre (à trouver en magasins bio)
1 cuiller à café de bicarbonate de soude
1/2 cuiller à café de sel de mer

Mets les pois chiches dans un saladier et recouvre-les d'eau.
Laisse-les tremper **durant 24 heures**.
Régulièrement, rajoute de l'eau s'ils ont tout absorbé. Change l'eau deux fois en 24 heures.

Égoutte les pois chiches.
Pèle l'ail et l'oignon. Coupe-les grossièrement.
Lave le persil plat et la coriandre. Hache-les grossièrement.
Presse le citron.
Mets tous les ingrédients dans un bol hachoir électrique et mixe-les.
Procède en plusieurs fois si le bol est petit.
Quand la préparation est homogène, huile une plaque de cuisson.
Prélève de petites doses de pâte à l'aide d'une cuiller à soupe.
Forme des boulettes avec les mains.
Dispose-les sur la plaque assez espacées pour qu'elles ne se touchent pas.
Mets la plaque au four à 220°C durant environ 40 minutes.

Gomasio à la **Spiruline**.

50 gr de graines de sésame
5 gr de sel marin
1 cuiller à café de spiruline

Fais griller le sésame et le sel dans une poêle pendant quelques minutes.
Mets le sésame grillé, le sel et la spiruline dans un bol hachoir électrique et mixe le tout durant moins d'une minute.
Le mélange doit rester sec et grossièrement haché pour ne pas devenir une pâte compacte.
Place le gomasio dans un bocal en verre avec un couvercle.
Il se conserve durant plusieurs mois dans un placard à l'abri de la lumière.

Petit bonus de fée :
Tu peux utiliser le gomasio pour saupoudrer tes salades, tes plats, tes marinades,…
La spiruline est un « super aliment ». Ses taux en fer et en vitamine B12 sont très élevés.

Muffins salés aux olives vertes et aux courgettes.

Pour 5 personnes.

2 courgettes
2 œufs
1 gousse d'ail
1/2 sachet de levure chimique
200 gr de farine
80 gr de gruyère râpé
50 gr d'olives vertes dénoyautées
50 gr de margarine végétale
1 cuiller à café d'herbes de Provence
1 cuiller à café de curry
1/2 cuiller à café de curcuma

Râpe les courgettes.
Pèle l'ail et réduis-le en purée à l'aide du presse-ail.
Tranche les olives dénoyautées en deux.
Mets les olives, l'ail et les courgettes dans un saladier. Mélange.
Sépare les blancs et les jaunes d'œufs.
Dans les jaunes d'œufs, ajoute la margarine, le gruyère râpé, les épices, du sel et du poivre.
Remue jusqu'à ce que la consistance soit homogène.
Ajoute la farine et la levure tamisées à la préparation. Mélange.
Monte les blancs d'œufs en neige et incorpore-les délicatement à la pâte.
Termine en mettant les légumes dans la pâte. Mélange en douceur.
Verse le tout dans les moules à muffins et place-les au four à 180°C durant 45 minutes environ.

Petit bonus de fée :
L'olive est très riche en calcium et de magnésium.

Apéritif à grignoter :
Petits pois grillés au wasabi.

Pour 5 personnes.

500 gr de petits pois frais ou surgelés
4 cuillers à soupe d'huile d'olive
2 cuillers à soupe bombée de wasabi (disponible au rayon asiatique)
1 cuiller à soupe de sauce soja
1 cuiller à café de paprika
1/2 cuiller à café de chlorelle (disponible en magasins bio)
Sel de mer

Mets les petits pois dans un saladier avec l'huile d'olive, le wasabi, la sauce soja, le paprika, la chlorelle et le sel.
Mélange délicatement.
Répands les petits pois sur une plaque de cuisson et place-les au four.
Fais-les cuire à 100°C durant 30 minutes environ.
Quand ils sont dorés, sors la plaque du four et laisse-les refroidir à l'air libre.
Ils se dévorent froids en apéritif.

Petit bonus de fée :
L'olive est très riche en calcium et de magnésium.

VERT

Verrines de tartare de tomates, **concombre** et feta.

Pour 5 personnes.

4 tomates
1 concombre
1 échalote
2 brins de menthe fraîche
100 gr de feta
6 cuillers à soupe d'huile d'olive
1 cuiller à soupe de vinaigre balsamique
1 cuiller à soupe de gaines de chia
1 cuiller à soupe de sauce soja
Sel et poivre aux 5 baies

Tranche les tomates en petits dés.
Pèle et hache finement l'échalote.
Dans un saladier, mets les tomates, l'échalote, les graines de chia et une pincée de sel et de poivre.
Pèle le concombre et coupe-le en petits dés.
Mets-le dans un second saladier.
Prépare la vinaigrette dans un bol. Verse l'huile, le vinaigre, la sauce soja, le sel et le poivre.
Remue énergiquement.
Arrose les cubes de concombre avec la vinaigrette. Mélange.
Lave les feuilles de menthe et hache-les finement.
Émiette la feta.
Confectionne les verrines avec une première couche de feta, une deuxième couche de menthe, une troisième couche de tomates et termine avec les concombres.
Décore chaque verrine avec un peu de menthe.
C'est prêt !

Petits choux à la **pistache**.
Pour 4 personnes.

Pâte à choux :

Recette et ingrédients voir p.134

Garniture :
170 gr de mascarpone
70 gr de sucre roux
30 gr de pistaches **non salée** décortiquées
20 cl de crème liquide

Prépare la pâte à choux.
Utilise une poche à douille (ou une cuiller à soupe) pour former de petites boules de 3 cm de diamètre et pose-les bien espacées sur le papier sulfurisé.
Place au four à 200°C pendant 15 minutes.
Puis baisse le gaz à 180°C et prolonge la cuisson encore 10 minutes.
Laisse-les refroidir et prépare la crème chantilly à la pistache.
Torréfie les pistaches durant quelques minutes dans une poêle à feu vif.
Quand elles sont dorées, mets-les dans un bol avec le sucre roux.
Mélange énergiquement.
Place ce mélange dans un bol hachoir électrique et réduits-les en poudre.
La crème liquide et le mascarpone doivent être bien froides.
Verse-les dans un récipient en métal préalablement refroidi au réfrigérateur (de préférence) et bats au fouet électrique jusqu'à ce que la crème épaississe.
Ajoute la poudre de pistaches sucrées dès que la chantilly monte.
Au moment de servir, coupe les choux en deux et remplis-les de chantilly à la pistache, à l'aide d'une douille.
Improvise et écoute-toi ! Si tu n'as pas de pistaches non salées, tu peux transformer cette recette en Paris-Brest, en remplaçant les pistaches par des noisettes et/ou des amandes.

VERT

Bobun végétarien aux épinards.
Pour 1 personne.

<u>Le plat :</u>
1 paquet de vermicelles de riz asiatiques (85 gr)
1/3 de concombre
1 carotte
1 échalote
6 cacahuètes décortiquées
1/2 feuille d'algue nori
80 gr d'épinards frais
80 gr de tofu

<u>La sauce :</u>
1 verre d'eau
1/3 de verre de sauce soja
1/3 de verre de vinaigre de cidre
1/4 de verre de sucre roux
1 cm de gingembre frais

Pèle le gingembre et coupe-le en quatre.
Verse l'eau, la sauce soja, le vinaigre, le sucre, le gingembre, du sel et du poivre dans une casserole.
Fais-la chauffer à feu doux. Remue régulièrement. Quand le sucre s'est totalement dilué dans la sauce, retire la casserole du feu.
Pèle l'échalote. Émince-la. Coupe le bloc de tofu en petits dés.
Verse un peu d'huile dans une poêle et fais cuire l'échalote, le tofu et les épinards à feu doux. Quand les légumes sont dorés et fondants, retire la poêle du feu et réserve au chaud.
Fais bouillir de l'eau salée dans une seconde casserole pour cuire les vermicelles.
Concasse les cacahuètes à l'aide d'un pilon.
Coupe l'algue nori en fines lamelles de 1 cm de long.
Pèle le concombre et tranche-le en petits dés.
Épluche la carotte et râpe-la.
Quand l'eau bout, plonge les vermicelles dedans et laisse-les cuire quelques minutes. Égoutte-les et mets-les dans un grand bol.
Recouvre les nouilles avec les légumes poêlés, la carotte râpée et le concombre. Arrose-les avec la sauce. Parsème de cacahuètes et d'un peu d'algue nori.

Buddha Bowl avocat et graines germées de lentilles vertes.
Pour 1 personne.

1/2 avocat
1/4 de chou rouge (ou autre légume cru ou cuit)
1/2 citron
1/2 feuille d'algue nori
1 poignée de graines germées de lentilles vertes
120 gr de riz déjà cuit (ou de semoule, de pâtes ou de quinoa)
80 gr d'épinards
80 gr de pois chiches cuits
1 cuiller à café de graines de sésame
1 cuiller à café de levure maltée (disponible au rayon diététique)

<u>La vinaigrette :</u>

3 cuillers à soupe d'huile de tournesol
2 cuillers à soupe de vinaigre de cidre
2 cuillers à soupe de sauce soja
1 cuiller à soupe d'huile de sésame
1 cuiller à soupe de sirop d'érable

Presse le demi-citron.
Râpe très finement le chou rouge. Fais-le mariner dans le jus de citron.
Cuis les épinards dans une poêle avec un peu d'huile, de sel et les graines de sésame.
Coupe l'algue nori en fines lamelles de 1 cm de long.
Coupe le demi-avocat en petits cubes.
Prépare la vinaigrette dans un bol en mélangeant le vinaigre, les huiles, la sauce soja et le sirop d'érable. Mélange énergiquement.
Dans un grand bol, dispose une base de riz cuit.
Recouvre-le avec un coin d'avocat, un coin d'épinards, un coin de chou rouge, un coin de pois chiches. Arrose le tout avec la vinaigrette.
Parsème de levure et d'un peu d'algue nori.

VERT

Salade de **brocoli, mâche** et champignons de Paris.
Pour 4 personnes.

8 champignons de Paris frais
1 poignée de graines germées
1/2 citron
500 gr de brocoli
100 gr de mâche
4 cuillers à soupe d'huile d'olive
1 cuiller à soupe de sauce soja
1 cuiller à soupe de miel
1 cuiller à café de moutarde
1 cuiller à café de gomasio (mélange de sésame et de sel, disponible en magasins bio)
1 cuiller à café de levure maltée (disponible au rayon diététique)

Fais chauffer un peu d'eau dans une casserole avec un couvercle.
Lave le brocoli et coupe les fleurettes.
Mets le brocoli dans l'eau et ajoute une pincée de sel.
Laisse cuire à feu moyen durant 20 minutes environ.
Quand le brocoli est fondant, égoutte-le et réserve.
Lave la mâche et égoutte-la.
Ôte la base des champignons et lave-les rapidement. Tranche-les finement.
Prépare la sauce en pressant le citron.
Verse le jus de citron dans un bol. Ajoute l'huile, la moutarde, la sauce soja, le miel, du sel et du poivre. Mélange énergiquement.
Place quelques fleurettes de brocoli, la mâche, les champignons et un peu de graines germées dans chaque assiette et arrose le tout avec la sauce au miel.
Saupoudre de gomasio et de levure. C'est déjà prêt !

Soupe de nouilles chinoises avec une pointe de **chlorelle** et de **spiruline**.
Pour 1 personne.

1 sachet individuel (85 gr) de nouilles chinoises (au blé ou au riz)
1/2 échalote
1 carotte
1 cm de gingembre frais
1 demi-bâton de cannelle
1 étoile de badiane
1 clou de girofle
4 cuillers à soupe de coulis de tomates
1 cuiller à soupe de sauce soja
1 cuiller à soupe d'huile de sésame
1/2 cuiller à café de spiruline (disponible en magasins bio)
1/2 cuiller à café de chlorelle (disponible en magasins bio)

Pèle le gingembre et coupe-le en quatre.
Épluche et coupe la carotte en bâtonnets.
Pèle l'échalote et émince-la.
Verse 75 cl d'eau dans une casserole.
Mets la carotte, l'échalote, le gingembre, le bâton de cannelle, la badiane, le clou de girofle dans la casserole.
Couvre-la et fais-la chauffer à feu fort.
Laisse mijoter environ 5 minutes.
Quand l'eau bout, ajoute le coulis de tomates, la sauce soja, l'huile de sésame, la chlorelle, la spiruline, du sel et du poivre.
Laisse encore cuire 5 minutes.
Dans une seconde casserole, verse 60 cl d'eau, couvre la casserole et fais-la chauffer à feu fort.
Quand l'eau bout, plonge les nouilles dans l'eau, ajoute une pincée de sel. Laisse cuire quelques minutes. Dès qu'elles sont devenues molles, égoutte-les.
Place les nouilles dans un grand bol et couvre-les pour les garder au chaud. Arrose le tout du bouillon parfumé.

Citronnade à la **menthe** et au **citron vert**.

Pour 4 personnes.

5 brins de menthe fraîche
2 citrons verts
2 citrons jaunes
50 gr de sucre roux
1 litre d'eau

Coupe un citron vert en tranche.
Presse le citron vert et les jaunes qui restent.
Verse l'eau dans une casserole et fais-la chauffer à feu fort.
Quand elle entre en ébullition, ajoute les tranches de citrons et éteins le feu.
Laisse infuser jusqu'à ce que l'eau soit refroidie.
Quand l'infusion est froide, verse les jus de citron et le sucre.
Lave la menthe et coupe les feuilles en fines lamelles.
Ajoute la menthe au mélange.
Mélange et place le récipient au réfrigérateur durant au moins 2 heures.
Remue avant de servir.
Cette citronnade se boit très fraîche en toute saison.

Petit bonus de fée :
La menthe est riche en fer et en vitamine C. Elle est excellente pour la digestion.

Pesto de **basilic** et de **roquette**.

Pour 5 personnes.

1 gousse d'ail
75 gr de roquette
75 gr de basilic frais
30 gr de noix de cajou
30 gr de noix décortiquées
4 cuillers à soupe d'huile d'olive
1 cuiller à soupe de moutarde
1 cuiller à soupe de sauce soja
Sel de mer
Poivre aux 5 baies

Mets les noix et les noix de cajou à griller dans une poêle à feu doux.
Laisse roussir durant quelques minutes en remuant régulièrement.
Place la roquette et le basilic lavés dans un bol hachoir électrique.
Pèle l'ail et coupe-le grossièrement.
Ajoute l'ail, l'huile, la moutarde, la sauce soja, le sel et le poivre dans le bol hachoir.
Mixe la préparation jusqu'à ce que le mélange soit homogène.
Ce pesto se conserve environ une semaine au réfrigérateur.

Petit bonus de fée :
Ce pesto accompagne à merveille les légumes, les pâtes, le riz et même les pommes de terre.

Cake aux **pistaches** et à la rose.
Pour 6 personnes.

3 œufs
1/2 sachet de levure chimique
150 gr de farine
125 gr de margarine végétale
150 gr de sucre roux + 60 gr pour le pralin
60 gr d'amandes
40 gr de pistaches décortiquées
4 cuillers à soupe d'eau de rose

Place les amandes et les pistaches dans une poêle.
Chauffe à feu doux en remuant avec une cuiller en bois.
Quand les amandes et les pistaches sont dorées, retire la poêle du feu.
Ajoute directement les 60 gr de sucre roux et mélange énergiquement avec la cuiller en bois.
Laisse refroidir.
Place la préparation dans un bol mixeur.
Mixe afin de les réduire en poudre. Réserve.
Mets la margarine ramollie et les 150 gr de sucre dans un saladier.
Mélange avec une cuiller en bois jusqu'à ce que la préparation blanchisse.
Ajoute les œufs et continue de mélanger.
Tamise la farine et la levure au-dessus du saladier. Remue encore.
Ajoute la poudre de pistaches et d'amandes. Mélange jusqu'à ce que la consistance soit homogène.
Beurre un moule à cake et remplis-le avec la préparation.
Enfourne pendant une quarantaine de minutes à 180°C.
Vérifie régulièrement la cuisson. C'est cuit quand la lame d'un couteau ressort sèche du gâteau.
 Si tu le souhaites, tu peux rajouter un glaçage en mélangeant du sucre glace avec un peu d'eau de rose.

Pizza aux courgettes et olives vertes.

Pour 5 personnes.

La pâte à pizza :

400 gr de farine
1 sachet de levure boulangère
3 cuillers à soupe d'huile d'olive
1 cuiller à café de sel de mer
1 cuiller à café de sucre roux

La garniture :

10 olives vertes
2 courgettes
1 gousse d'ail
Huile d'olive
10 cl de coulis de tomates
150 gr de parmesan râpé
1/2 cuiller à café d'herbes de Provence

Prépare la pâte à pizza en diluant la levure dans 20 cl d'eau tiède.
Mets la farine et le sel dans un saladier. Ajoute l'huile d'olive.
Mélange.
Verse la levure diluée dans la farine, petit à petit, jusqu'à ce que la pâte soit homogène. Malaxe avec les mains.
Forme une boule et place la pâte dans le saladier recouvert d'un linge afin qu'elle monte durant 1 heure à température ambiante.
Quand elle a doublé de volume, étale-la au rouleau sur un plan fariné.
Dispose-la sur la plaque du four recouverte de papier sulfurisé.
Laisse-la encore monter pendant au moins 30 minutes.
Répands le coulis de tomates sur la pâte. Râpe les courgettes.
Pèle l'ail et hache-le finement. Mélange l'ail haché avec les courgettes râpées.
Disperse les courgettes sur la sauce tomate.
Ajoute les herbes de Provence, du sel et du poivre. Puis, saupoudre de parmesan.
Place les olives et verse un filet d'huile sur la pizza.
Enfourne à 210°C durant 15 minutes environ.

Boisson chaude au chocolat blanc et au **thé matcha**.

Pour 4 personnes.

2/3 litre de lait de vache
1/3 litre de lait de coco (ou d'amande ou de noisette ou de riz ou un mélange de ceux-là.)
80 gr de chocolat blanc
1 cuiller à soupe de sucre roux
1 cuiller à soupe rase de thé matcha en poudre

Casse la plaque de chocolat blanc et mets les morceaux dans une casserole.
Verse le lait de coco et allume le gaz sur feu doux.
Mélange régulièrement jusqu'à ce que le chocolat ait fondu.
Ajoute le lait de vache, le sucre roux et thé matcha en poudre. Mélange au fouet.
Retire la casserole du feu quand le lait est chaud.
Et sers immédiatement dans des tasses.
C'est prêt !

Petit bonus de fée :
Selon les goûts, tu peux faire un chocolat chaud uniquement à base de lait végétal ou même inverser les proportions lait de vache/lait végétal. J'aime proposer ce mélange 1/3 de lait végétal et 2/3 de lait de vache car il allège un peu le lait de vache et permet de s'habituer progressivement aux laits végétaux.
Le thé matcha est un superaliment. Il renforce notamment le système immunitaire.

Vert comme Verdi !

C'est le moment idéal pour écouter ce compositeur de génie…

Par la fenêtre, regarde la nature, en écoutant une de ses œuvres.

Imprègne-toi de cette beauté sonore et visuelle.

Tu es au paradis !

VERT

Crèmes desserts à la **pistache**.
Pour 4 personnes.

La pâte de pistaches :
50 gr de pistaches décortiquées, **non salées**
10 gr de sucre roux
2 cuillers à soupe d'huile de tournesol

OU 60 gr de pâte de pistaches (disponible en bocal dans les magasins bio)

La crème à la pistache :

60 gr de pâte de pistaches
45 gr de sucre roux
30 gr de fécule de maïs
2 gr d'agar-agar (gélatine végétale à base d'algues)
40 cl de lait
20 cl de crème liquide

Étale les pistaches décortiquées sur la plaque du four.
Torréfie-les à 150°C pendant environ 15 minutes.
Mets les pistaches grillées et le sucre dans un bol hachoir électrique.
Mixe-les. Le mélange doit être homogène.
Verse la cuiller d'huile et mixe à nouveau. La préparation doit devenir une pâte.
Si cette pâte te semble trop compacte, rajoute un peu d'huile.
Verse le lait, la crème liquide, la fécule de maïs, l'agar-agar et le sucre dans une casserole.
Fais-la chauffer à feu doux en remuant sans cesse au fouet.
Dès que la préparation commence à bouillir, poursuis la cuisson encore 30 secondes environ, tout en mélangeant.
Retire du feu et ajoute la pâte de pistaches.
Remue doucement.
Répartis la crème à la pistache dans des ramequins et place-les au réfrigérateur durant au moins 4 heures avant de déguster.

Soupe thaïlandaise au citron vert et à la citronnelle.

Pour 4 personnes.

1 poireau
1 poivron
1 branche de céleri
1 oignon jaune
1 oignon vert
10 champignons noirs séchés
1/4 citron vert
1 cm de gingembre frais
1 tige de citronnelle (disponible dans les magasins asiatiques)
3 feuilles de citron kaffir ou feuilles de combava (disponibles surgelées ou fraîches dans les magasins asiatiques) (facultatif)
1 cube de bouillon de légumes
1 cuiller à soupe de pâte de miso (disponible dans les magasins asiatiques)
1 cuiller à soupe de sauce soja
1 cuiller à café de graines de sésame

Mets les champignons séchés à tremper dans un bol d'eau durant au moins 1 heure.
Épluche l'oignon et émince-le. Hache grossièrement l'oignon vert.
Pèle le gingembre et coupe-le en quatre.
Coupe la citronnelle en morceaux de 4 cm.
Tranche le poireau en rondelles. Coupe le céleri en petits cubes.
Ôte les graines du poivron et coupe-le en petits dés.
Tranche les champignons réhydratés en lamelles.
Verse 1 litre d'eau dans une casserole et fais-la chauffer à feu fort.
Ajoute les champignons, les oignons, le gingembre, le bâton de citronnelle, le céleri, le poireau, le poivron, les feuilles de citron kaffir, la pâte de miso, la sauce soja, le bouillon de légumes, le sésame et du poivre. Laisse mijoter durant 20 minutes environ.
Presse le quart de citron vert.
Quand les légumes sont fondants, retire la casserole du feu.
Verse cette soupe thaïlandaise dans un grand bol et arrose-la de jus de citron. C'est prêt !

Poivrons verts farcis.
Pour 5 personnes.

5 poivrons verts
2 oignons
1 gousse d'ail
6 brins de coriandre fraîche ou de persil (facultatif)
250 gr de quinoa
250 gr de pois chiches cuits
80 gr d'olives dénoyautées
70 gr de concentré de tomate
20 cl d'eau
2 cuillers à soupe d'huile d'olive
1 cuiller à soupe de sauce soja
1 cuiller à café de curry
1 cuiller à café de paprika
1 cuiller à café d'herbes de Provence
1/2 cuiller à café de curcuma

Coupe les poivrons en deux et épépine-les.
Fais cuire le quinoa comme indiqué sur le paquet.
Mets les pois chiches cuits dans un saladier et écrase-les grossièrement au presse-purée.
Coupe les olives en quatre et ajoute-les aux pois chiches écrasés.
Pèle l'ail et les oignons. Hache-les finement.
Hache la coriandre fraîche et mets-la dans le saladier avec les pois chiches.
Ajoute les oignons, le quinoa cuit, le concentré de tomate, l'huile, la sauce soja, le curry, le paprika, les herbes de Provence, le curcuma, du sel et du poivre. Mélange cette farce.
Garnis les 10 moitiés de poivron avec la farce.
Dispose les poivrons farcis dans un plat allant au four.
Verse 20 cl d'eau dans le plat.
Place le plat au four à 210°C durant environ 40 minutes.

Les véritables recettes de Grand-Mère :
Choux de Bruxelles caramélisés.

Pour 5 personnes.

2 oignons
15 pruneaux d'Agen
2 gousses d'ail
500 gr de choux de Bruxelles
3 cuillers à soupe d'huile d'olive
2 cuillers à soupe de vinaigre balsamique
2 cuillers à soupe de miel
2 cuillers à soupe de sauce soja
1 cuiller à soupe de gomasio (mélange de sésame et de sel, disponible en magasins bio)
1/2 cuiller à café de curry
1/2 cuiller à café de paprika
1/2 cuiller à café de curcuma
Poivre aux 5 baies

Pèle l'ail et les oignons. Émince-les.
Lave les choux de Bruxelles et ôte les feuilles abîmées.
Verse l'huile dans une casserole et fais-la chauffer à feu moyen.
Mets l'ail et les oignons à rissoler dans la casserole.
Mélange régulièrement et ferme la casserole avec le couvercle.
Dénoyaute les pruneaux.
Ajoute les choux de Bruxelles et les pruneaux dans la casserole.
Poursuis la cuisson à feu doux.
Verse aussi la sauce soja, le vinaigre balsamique, l'huile d'olive, le miel, le gomasio, le curry, le paprika, le curcuma et le poivre.
Laisse mijoter à couvert durant 20 minutes environ.
Remue et vérifie régulièrement la cuisson.

VERT

Les véritables recettes de Grand-Mère :
Chou frisé farci au riz et aux lentilles vertes.
Pour 5 personnes.

1 chou vert frisé
4 tomates (ou 400 gr de coulis de tomate)
2 oignons
2 gousses d'ail
1 feuille de laurier
150 gr de lentilles vertes
150 gr de riz (complet, de préférence)
70 gr de concentré de tomate
4 cuillers à soupe d'huile d'olive
1 cuiller à café d'herbes de Provence
1/2 cuiller à café de curry
1/2 cuiller à café de paprika

Fais cuire le riz complet et les lentilles dans le double de leur quantité en eau salée.
Retire la base du chou frisé et sépare les feuilles de chou les unes des autres.
Dans une casserole avec un fond d'eau, plonge les feuilles de chou dans l'eau bouillante durant quelques minutes. Procède en plusieurs fois si nécessaire. Réserve-les dans un plat.
Pèle l'ail et les oignons. Hache-les finement.
Coupe les tomates en petits cubes.
Mets le riz cuit et les lentilles cuites dans un saladier.
Ajoute l'ail et les oignons, le concentré de tomate, les herbes de Provence, le curry, le paprika et le poivre. Mélange.
Prends une grande feuille de chou et pose un peu de farce au centre.
Replie les bords afin de la refermer comme un petit paquet. Utilise 3 ou 4 feuilles par paquet afin qu'il ne se casse pas.
Place chaque paquet dans le fond de la casserole, serrés les uns à côté des autres. Verse un litre d'eau dans la casserole.
Ajoute les tomates, la feuille de laurier et l'huile d'olive.
Mets la casserole à chauffer à feu moyen en la couvrant, durant 1 heure environ. Rajoute un peu d'eau si nécessaire. Les choux doivent baigner dans le bouillon.

Courgettes farcies.
Pour 5 personnes.

5 courgettes
2 oignons
1 gousse d'ail
250 gr de lentilles corail
120 gr de mozzarella
20 cl de coulis de tomates
20 cl d'eau
4 cuillers à soupe d'huile d'olive
2 cuillers à soupe de sauce soja
1 cuiller à café d'herbes de Provence
1/2 cuiller à café de curry
1/2 cuiller à café de paprika
1/2 cuiller à café de curcuma
Sel et poivre aux 5 baies

Fais cuire les lentilles corail dans le double de leur volume d'eau salée, durant 20 minutes environ.
Elles deviendront de la purée orange.
Coupe les courgettes en deux dans le sens de la longueur.
Évide-les un peu et mets la pulpe des courgettes dans un saladier.
Réserve.
Dispose les courgettes évidées dans un plat à gratin.
Pèle l'ail et les oignons. Hache-les finement.
Coupe la mozzarella en petits dés.
Dans le saladier contenant la pulpe de courgettes, ajoute les lentilles corail, l'ail, les oignons, la feta, le coulis de tomates, l'huile, la sauce soja et les épices. Mélange la farce.
Garnis chaque moitié de courgettes avec cette farce.
Verse 20 cl d'eau dans le plat à gratin.
Place le plat au four à 210°C durant une quarantaine de minutes.

Spaghettis de **courgettes** crues
et sa sauce aux tomates fraîches.
Pour 4 personnes.

La sauce :

5 tomates
1 poivron
2 échalotes
4 dattes
1 gousse d'ail
5 brins de persil ou de coriandre fraîche (facultatif)
3 cuillers à soupe d'huile d'olive
1 cuiller à soupe de sauce soja
1 cuiller à soupe d'herbes de Provence
Poivre aux 5 baies

Les pâtes de courgettes :

3 courgettes
40 gr d'olives noires dénoyautées
1 citron
1 cuiller à soupe de sauce soja

Pèle les courgettes et fais-en des spaghettis à l'aide d'un coupe-légumes en spirale (un taille-crayon géant !). Si tu n'en possèdes pas, tu peux râper les courgettes ou les couper avec une mandoline.
Mets les spaghettis de courgettes dans un saladier.
Presse le citron et verse le jus et la sauce soja sur les courgettes.
Mélange.
Coupe grossièrement les tomates, le poivron épépiné, les échalotes pelées, l'ail et la coriandre (ou le persil).
Place-les dans un blender et ajoute les dattes dénoyautées, l'huile, la sauce soja, les herbes de Provence et le poivre.
Mixe longuement la préparation afin que la sauce devienne homogène.
Dispose des spaghettis de courgettes dans chaque assiette et arrose-les de sauce aux tomates fraîchement mixées.
Parsème les assiettes d'olives noires dénoyautées.

C'EST L'HEURE D'UN SMOOTHIE MARRON
à la crème de marrons !

Pour 1 personne.

1 banane surgelée (elle a été mise au congélateur coupée en tranches)
5 noix de cajou (ayant trempé au moins 4 heures dans l'eau, si possible)
3 dattes dénoyautées OU 1 cuiller à café de sucre de canne
5 baies de goji séchées (facultatif)
20 cl de lait d'amande (ou autre lait)
2 cuillers à soupe de crème de marrons
1 cuiller à soupe de flocons d'avoine
1 cuiller à café de cacao en poudre (non sucré, de préférence)
2 glaçons

Mets la banane surgelée dans le blender.
Ajoute la crème de marrons, le cacao en poudre, les noix de cajou, les baies de goji, les dattes dénoyautées et la cuiller de flocons d'avoine.
Termine avec le lait d'amande et les glaçons.
Mixe le smoothie durant quelques minutes jusqu'à ce qu'il soit homogène.
Verse un peu plus de lait d'amande s'il est trop épais.
C'est prêt !
Ce smoothie est un petit-déjeuner idéal, mais aussi un goûter parfait.
Il peut même remplacer un repas si tu as envie de manger léger.

Petits bonus de fée :
Il existe des pailles en inox réutilisables !
Les baies de goji font partie des superaliments. Avec une dose minime, les apports nutritifs sont énormes.

MARRON

Mmmmh, les noix !

Comme un écureuil prévoyant pour l'hiver,
regarde donc dans ta réserve s'il reste quelques noix à croquer…
Ton corps a besoin de ses acides foliques et de ses protéines.

Petit bonus de fée :
Les fruits à coque sont excellents pour la mémoire
et le bon fonctionnement du cerveau.

Oui. Ces deux carrés de chocolat sont pour toi.

Sans culpabilité aucune, tu peux les déguster.

C'est même ton corps qui te le demande ;)

Petit bonus de fée :
Le chocolat noir est riche en magnésium et en antioxydant.

Cure de détox, aujourd'hui !

Ne bois que des jus de fruits et de légumes fraîchement pressés
ou obtenus grâce à un blender, une centrifugeuse
ou un extracteur de jus.

Et, bien sûr, bois beaucoup d'eau.
Ce nettoyage interne te fera le plus grand bien !

Pourquoi cette détox se trouve-t-elle dans la catégorie « marron »,
me demanderas-tu ?
Car cela fait le vide et mes entrailles se libèrent
de toutes les toxines, direction les égouts ;)

Mousse au chocolat et spiruline.

Pour 5 personnes.

4 œufs
200 gr de chocolat noir
5 cl de lait d'amande
2 cuillers à soupe rases de sucre roux
1 cuiller à café de spiruline (à trouver en magasin bio)

Casse la plaque de chocolat en morceaux et mets-les dans un bol avec le lait d'amande.
Place le bol dans une casserole avec un fond d'eau. Fais-la chauffer à feu doux.
Mélange régulièrement avec une cuiller en bois.
Sépare les blancs et les jaunes d'œufs.
Quand le chocolat a fondu, retire la casserole du feu. Enlève le bol de la casserole.
Ajoute les jaunes d'œufs dans le chocolat et mélange énergiquement.
Saupoudre avec la spiruline et le sucre. Mélange.
Monte les blancs en neige à l'aide d'un fouet.
Incorpore délicatement les blancs en neige dans la préparation au chocolat.
Quand la mousse est homogène, verse-la dans des ramequins.
Place les ramequins au réfrigérateur durant au moins 4 heures.

Petit bonus de fée :
La spiruline est un « super aliment ». Ses taux en fer et en vitamine B12 sont très élevés.

Recette d'une **Assiette Marron** !
Compose-toi une assiette avec des aliments de couleur marron :

De la semoule assaisonnée de cannelle, de cumin
et garnie de raisins secs.
Une dizaine d'amandes réhydratées dans l'eau
pendant 4 heures minimum.
Concasse les amandes et répands-les sur la semoule.
Du tofu coupé en dés, rissolé avec de l'huile d'olive,
des oignons émincés, de l'ail, de la sauce soja,
du miel de châtaignier et des graines de sésame.
Une fricassée de champignons cuits à la poêle !
Des bolets, des cèpes, des chanterelles,
des morilles ou plus simplement,
des champignons de Paris, ils sont riches en fibres et en protéines.
Une poignée de graines germées de sarrasin.
Du sarrasin grillé.
Et de la vinaigrette aux dattes (voir ci-dessous).

Sauce vinaigrette aux dattes :

4 dattes dénoyautées
6 cuillers à soupe d'huile d'olive
2 cuillers à soupe de vinaigre balsamique
1 cuiller à soupe de sauce soja
1 cuiller à café de moutarde
Sel de mer
Poivre aux 5 baies

Mixe tous les ingrédients de la vinaigrette
jusqu'à ce que la sauce ait une consistance homogène.

Cake au chocolat et aux dattes.

Pour 6 personnes.

10 dattes
3 œufs
200 gr de chocolat
80 gr de sucre roux
20 gr de maïzena
20 gr de poudre d'amande
30 gr de margarine végétale
3 cuillers à soupe de lait d'amande
1 cuiller à café de cannelle en poudre

Mets les œufs dans un saladier. Fouette-les jusqu'à ce qu'ils deviennent mousseux.
Ôte le noyau des dattes et place les dattes dans un bol mixeur avec le lait d'amande.
Mixe cette préparation pour la rendre plus homogène.
Ajoute ce mélange dans les œufs. Fouette le tout.
Casse la plaque de chocolat et mets-le dans un bol.
Place ce bol dans une casserole avec un fond d'eau. Fais-le chauffer au bain-marie.
Quand il est fondu, retire le bol et verse le chocolat dans la préparation œufs/dattes.
Fouette énergiquement.
Ajoute la cannelle et le sucre. Mélange.
Ajoute la margarine végétale. Mélange.
Termine en ajoutant la maïzena et la poudre d'amande.
Mélange et mixe la pâte si nécessaire afin qu'elle soit homogène.
Verse la préparation dans un moule à cake beurré.
Enfourne le moule à 180°C durant 30 minutes environ.
Ce gâteau est encore meilleur lorsque l'intérieur est mi-cuit.
Laisse refroidir avant de démouler.

Smoothie bowl au **chocolat**.
Pour 1 personne.

Le smoothie :
1 banane surgelée (elle a été mise au congélateur coupée en tranches)
5 noix de cajou (ayant trempé au moins 4 heures dans l'eau, si possible)
3 dattes dénoyautées OU 1 cuiller à café de sucre de canne
5 baies de goji séchées (facultatif)
15 cl de lait
1 cuiller à soupe de flocons d'avoine
1 cuiller à soupe de cacao en poudre

Le topping :
1/2 banane
6 framboises fraîches ou surgelées
10 noisettes
2 cuillers à soupe de noix de coco râpée
2 cuillers à soupe de chocolat blanc ou noir râpé
2 cuillers à soupe de granola

Sors les tranches de banane du congélateur et mets-la dans un blender. Ajoute le lait, le cacao en poudre, les noix de cajou, les baies de goji, les dattes dénoyautées et les flocons d'avoine.
Mixe pendant quelques minutes jusqu'à ce que le smoothie soit homogène.
Verse le smoothie dans un grand bol et garnis-le avec les différents ingrédients du topping.
Place une bande de banane en rondelles, une bande de framboises, une bande de noisettes concassées, une bande de noix de coco râpée, une bande de chocolat râpé et une bande de granola.
Ce smoothie bowl se mange à la cuiller.
Il est un petit-déjeuner idéal, mais aussi un goûter parfait.
Il peut même remplacer un repas si tu as envie de manger léger.

Les véritables recettes de Grand-Mère :

Marrons glacés faits maison.

Des châtaignes (les plus grosses possible)
Sucre roux
Eau

Pèle les châtaignes en enlevant uniquement la peau dure externe.
Mets-les dans une casserole remplie d'eau et fais chauffer à feu fort, dans une casserole abîmée car cela la brunit.
Laisse-les cuire pendant 15 minutes en refermant le couvercle.
Égoutte les châtaignes et pèle-les en ôtant la fine peau duveteuse.
Mets un fond d'eau dans une poêle.
Saupoudre l'eau de sucre.
Chauffe la poêle à feu moyen.
Quand le sucre a fondu, dépose délicatement les châtaignes.
Remets le gaz sur feu doux et cuis pendant 15 minutes.
Retire la poêle du feu et laisse reposer 30 minutes.
Remets les châtaignes à cuire sur feu doux après avoir rajouté de l'eau et du sucre si nécessaire. Couvre.
Répète la même opération 2 ou 3 fois.
Laisse reposer durant toute une nuit.
Le lendemain matin, remets la poêle avec les châtaignes sur le feu après avoir rajouté de l'eau.
Cuis à feu doux pendant 15 minutes.
Elles doivent être tendres.
Ces marrons glacés se conservent dans une boîte hermétique à température ambiante.
Bonne dégustation !

MARRON

Tarte **chocolat, amandes** et poires.
Pour 6 personnes.

La pâte à tarte :

1 œuf
230 gr de farine
130 gr de sucre roux
70 gr de beurre
1/2 cuiller à café d'extrait de vanille
1 pincée de sel

La garniture :

3 poires
200 gr de chocolat noir
70 gr de poudre d'amande
30 gr de sucre roux
20 cl de crème liquide

Casse l'œuf dans un saladier. Ajoute le sucre, le sel et l'extrait de vanille. Mélange jusqu'à ce que le mélange blanchisse.
Ajoute, petit à petit, la farine tamisée. Malaxe avec les mains.
Ajoute le beurre ramolli dans la préparation.
Pétris jusqu'à ce que la pâte soit homogène, elle ne doit pas être trop collante, ni s'effriter.
Forme une boule et recouvre le saladier d'une assiette.
Laisse reposer la pâte pendant 1 heure au réfrigérateur.
Saupoudre de farine ta surface de travail. Étale la pâte au rouleau à pâtisserie. Dispose-la dans un moule à tarte beurré.
Casse le chocolat en morceaux et mets-le dans un bol pour le faire fondre au bain-marie. Ajoute la crème liquide dans le bol. Mélange régulièrement durant la cuisson.
Quand le chocolat est fondu, retire la casserole du feu et ajoute la poudre d'amande. Mélange.
Verse la crème au chocolat sur le fond de tarte et répartis uniformément.
Pèle les poires et coupe-les en tranches fines.
Dispose-les sur le chocolat. Saupoudre-les d'un peu de sucre roux.
Place la tarte au four pendant 30 minutes environ à 180°C.

Pâte d'**amande** enrobée de **chocolat**.

Pour 6 personnes.

1 blanc d'œuf
150 gr de chocolat noir
100 gr de sucre glace
125 gr d'amandes
1/2 cuiller à café d'extrait de vanille

Mets les amandes, l'extrait de vanille et le sucre glace dans le bol hachoir électrique.
Mixe jusqu'à obtenir une poudre d'amande.
Ajoute petit à petit le blanc d'œuf dans la préparation et mixe à chaque fois.
Forme une boule avec la pâte d'amande et mets-la dans un bol.
Place le bol au réfrigérateur durant au moins 4 heures.
Sors la pâte d'amande du bol et forme de petites boules d'environ 2 cm de diamètre.
Dispose-les dans un plat de présentation.
Fais fondre le chocolat au bain-marie.
Retire le chocolat du feu.
À l'aide d'une fourchette, trempe chaque boule de pâte d'amande dans le chocolat fondu.
Pose les boules au chocolat sur le plat, bien espacées les unes des autres.
Laisse durcir à l'air libre avant de déguster.

Petit bonus de fée :
Les amandes aident au bon fonctionnement du transit intestinal.

Légumes façon Thaï et **cacahuètes**.
Pour 5 personnes.

3 carottes
2 oignons
1 poignée de cacahuètes décortiquées
5 brins de coriandre fraîche (facultatif)
1 cm de gingembre frais
250 gr de haricots plats
250 gr de petits pois
200 gr de champignons de Paris
40 cl de crème de coco
3 cuillers à soupe d'huile d'olive
2 cuillers à soupe de sauce soja
1 cuiller à café de curry

Pèle les carottes et coupe-les en bâtonnets.
Écosse les petits pois. Équeute les haricots plats.
Remplis d'eau salée la moitié d'une casserole. Fais-la chauffer à feu fort. Quand l'eau bout, ajoute les carottes et les haricots plats.
Fais-les cuire jusqu'à ce qu'ils soient tendres.
Égoutte-les et réserve-les au chaud.
Pèle le gingembre et râpe-le. Concasse grossièrement les cacahuètes.
Épluche les oignons et émince-les. Coupe les champignons en lamelles.
Verse l'huile dans un wok (ou une grande poêle) et fais rissoler les oignons et les champignons.
Ajoute le gingembre et les cacahuètes.
Quand les oignons sont dorés, ajoute les petits pois, les carottes, les haricots plats, la sauce soja, le curry, du sel et du poivre.
Mélange et laisse mijoter plusieurs minutes.
Verse la crème de noix de coco dans le wok et remue.
Laisse encore cuire 5 minutes. Retire le wok du feu.
Hache grossièrement la coriandre.
Disperse la coriandre sur le plat juste avant de servir.
Ce plat est délicieux avec du riz basmati ou thaï. Ajoute une cuiller à soupe d'huile de coco dans le riz lors de la cuisson, cela le parfumera délicatement.

Soupe de carottes et de **dattes**.
Pour 5 personnes.

6 dattes
1 oignon
1 cm de gingembre frais
2 gousses d'ail
1 kg de carottes
3 cuillers à soupe d'huile d'olive
2 cuillers à soupe de sauce soja
1 cube de bouillon de légumes
1 cuiller à café de curry
1 cuiller à café de paprika
1/2 cuiller à café de curcuma
Sel et poivre aux 5 baies

Pèle les carottes et coupe-les en gros morceaux.
Épluche les oignons et l'ail. Hache-les grossièrement.
Pèle le gingembre et coupe-le en quatre.
Verse l'huile dans une casserole et fais-la chauffer à feu moyen.
Ajoute l'ail, le gingembre et l'oignon.
Quand ils sont rissolés, ajoute les carottes et laisse cuire à couvert 5 minutes environ.
Ajoute les dattes dénoyautées, la sauce soja, le bouillon de légumes, le curry, le curcuma, le paprika, le sel et le poivre.
Recouvre les légumes d'eau chaude et fais chauffer le tout durant 30 minutes environ.
Quand les carottes sont fondantes, retire la casserole du feu.
Mixe la soupe jusqu'à la consistance souhaitée.

Petit bonus de fée :
Les dattes sont riches en fibres, vitamines et en protéines.

MARRON

Dès que tu as un peu de temps devant toi,

prends UN carré de chocolat. Juste un.

Installe-toi dans un endroit calme et tranquille.

Observe ce petit carré d'un brun sombre.

Savoure-le visuellement d'abord.

Déguste-le littéralement, ensuite.

Prends tout ton temps.

Apprécie chacun de ses arômes.

Découvre sa texture et son fondant qui envahit ta bouche.

Ferme les yeux afin d'accroître encore tes sensations gustatives…

As-tu jamais autant apprécié cette gourmandise ?

Amuse-toi à manger régulièrement de cette manière-là.

On appelle cela manger « en pleine conscience ».

Petit bonus de fée :
Le chocolat noir est riche en magnésium et en antioxydant.

Lors de ton prochain repas, veille à mettre un peu de musique…

Mais pas n'importe laquelle, tes oreilles seraient heureuses

d'écouter une œuvre du grand **Beethoven** !

Tiramisu au thé matcha et au cacao.
Pour 5 personnes.

3 œufs
250 gr de mascarpone
150 gr de biscuits à la cuiller (boudoirs)
70 gr de sucre roux + 2 cuillers à soupe rase pour le lait chocolaté
20 cl de lait
1 cuiller à soupe de cacao en poudre, non sucré
2 cuillers à café rases de poudre de thé matcha + 2 cuillers à soupe pour la garniture
1 cuiller à café d'extrait de vanille

Sépare les jaunes et les blancs d'œufs.
Mets les jaunes dans un saladier avec l'extrait de vanille et les 70 gr de sucre roux. Mélange énergiquement avec un fouet.
Verse le mascarpone dans le saladier contenant les jaunes d'œufs sucrés.
Fouette pour que la préparation soit homogène.
Monte les blancs d'œufs en neige.
Incorpore délicatement les blancs dans le mascarpone.
Prépare le lait chocolaté en faisant chauffer le lait dans une petite casserole à feu doux.
Ajoute **deux** cuillers à café de poudre de thé matcha, une cuiller à soupe de cacao et deux de sucre.
Remue régulièrement.
Dès que le cacao et le sucre ont fondu, retire le lait du feu et verse une partie du lait dans une assiette creuse.
Un à un, trempe rapidement les boudoirs dans le lait cacaoté et disposes-en une rangée sur un plat.
Lorsque la première couche est posée, étale un peu du mascarpone par-dessus.
Répète l'opération pour la deuxième couche.
Termine par une épaisse couche de mascarpone.
Saupoudre 2 cuillers à soupe de poudre de thé matcha par-dessus et place le tiramisu au réfrigérateur pendant au moins 8 heures avant de déguster.

Brownie aux **noix de pécan**.
Pour 6 personnes.

3 œufs
200 gr de chocolat noir
150 gr de margarine végétale
170 gr de sucre roux
80 gr de farine
20 gr d'amandes effilées
20 gr de noisettes
20 gr de noix de pécan (ou noix décortiquées)
1 pincée de sel de mer
1 cuiller à soupe de baies de goji (facultatif)
1 cuiller à café d'extrait de vanille

Étale les noix de pécan (OU noix) et les noisettes sur la plaque du four.
Torréfie-les à 150°C pendant environ 15 minutes.
Mets les baies de goji dans un bol rempli d'eau froide et laisse-les se réhydrater durant 30 minutes.
Casse les œufs dans un saladier. Ajoute le sucre et fouette énergiquement jusqu'à ce que le mélange blanchisse.
Casse la plaque de chocolat et fais-le fondre au bain-marie.
Ajoute la margarine dans le chocolat et remue avec une cuiller en bois.
Quand le chocolat et la margarine sont fondus, éteins le feu.
Verse le chocolat dans le saladier contenant l'œuf et le sucre. Mélange.
Ajoute l'extrait de vanille. Ajoute, petit à petit, la farine tamisée.
Concasse grossièrement les noix de pécan et les noisettes grillées.
Ajoute-les dans la pâte.
Ajoute aussi les amandes effilées et les baies de goji égouttées.
Mélange la préparation, puis beurre le moule à gâteau.
Verse la pâte dans le moule et enfourne à 180°C pendant 20 minutes.
Quand tu enfonces la lame d'un couteau dans le gâteau et qu'elle ressort sèche, le brownie est cuit.
Bonne dégustation !

« Cinnamon rolls » à la cannelle.
Pour 6 personnes.

La brioche :
1 œuf
1 sachet de levure boulangère
350 gr de farine
70 gr de sucre roux
60 gr de beurre
5 cl de lait d'amande (ou autre lait)
1 cuiller à soupe d'extrait de vanille
2 cuillers à café de cannelle
1/2 cuiller à café de sel de mer

La crème cannelle :
80 gr de margarine végétale
50 gr de sucre roux
2 cuillers à soupe de cannelle

Vide le sachet de levure dans le lait d'amande et mélange.
Mets la farine dans un saladier. Creuse un puits et verse la levure diluée. Ajoute le beurre ramolli, le sucre, l'œuf, l'extrait de vanille, la cannelle et le sel. Mélange avec les mains jusqu'à ce que la pâte devienne homogène. Malaxe encore la pâte 10 minutes environ.
Forme une boule et remets-la dans le saladier.
Couvre-le d'un linge et laisse la pâte gonfler au minimum 2 heures dans un endroit à température ambiante.
Prépare la crème cannelle en mettant la margarine ramollie dans un bol avec le sucre et la cannelle. Mélange.
Quand la pâte a doublé de volume, étale-la au rouleau sur un plan de travail fariné. Forme un rectangle dont l'épaisseur est égale à 1/2 cm.
Étale la crème cannelle sur tout le rectangle de manière uniforme.
Roule une longueur du rectangle sur elle-même, comme une grande crêpe. Tranche ce rouleau en parts d'environ 3 cm de large.
Dispose-les sur une plaque de four recouverte de papier sulfurisé.
Recouvre d'un linge et laisse encore monter la pâte durant 1 heure.
Place la plaque au four à 180°C durant 30 minutes environ.

Chili parfumé au clou de girofle.
Pour 5 personnes.

2 courgettes
2 poivrons
2 oignons
4 tomates ou 1 boîte de tomates
2 gousses d'ail
2 clous de girofle
300 gr de haricots rouges secs
4 cuillers à soupe d'huile d'olive
2 cuillers à soupe de sauce soja
1 cuiller à soupe de paprika
1 cuiller à café de curry
1 cuiller à café d'herbes de Provence
1/2 cuiller à café de cumin en poudre

Mets les haricots rouges dans un saladier et remplis-le d'eau froide jusqu'à ce qu'ils soient recouverts.
Laisse-les gonfler toute une nuit.
Égoutte les haricots rouges et mets-les dans une casserole avec de l'eau chaude salée.
Allume le gaz et fais-les cuire à feu moyen durant une quarantaine de minutes, le couvercle fermé.
Vérifie régulièrement la cuisson et rajoute de l'eau si nécessaire pour qu'ils soient toujours immergés.
Quand ils sont fondants, égoutte-les et rince-les abondamment.
Pèle l'ail et les oignons. Émince-les.
Verse l'huile d'olive dans une casserole. Chauffe-la à feu moyen.
Fais rissoler l'ail et les oignons en mélangeant régulièrement.
Coupe les courgettes en rondelles et les poivrons en lamelles.
Ajoute les courgettes, les poivrons, la sauce soja, du sel et toutes les épices dans la casserole contenant les oignons. Remue régulièrement durant la cuisson.
Ajoute les haricots rouges au bout de 5 minutes.
Termine en versant la boîte de tomates ou les tomates coupées en petits cubes. Mélange. Laisse mijoter à feu moyen durant une demi-heure environ.

Over-night porridge poire et chocolat.

Pour 1 personne.

1 poire
1 banane (facultatif)
20 cl de lait d'amande (ou autre lait)
3 cuillers à soupe de flocons d'avoine
2 cuillers à soupe de sirop d'érable
1 cuiller à café de cacao en poudre non sucré
1 cuiller à café de graines de chia

Verse le lait dans une tasse.
Ajoute les flocons d'avoine, les graines de chia, le cacao en poudre et le sirop d'érable.
Mélange délicatement.
Pèle la poire et coupe-la en petits cubes de 1 cm.
Ajoute-les dans la tasse et mélange.
Place la tasse au réfrigérateur durant toute la nuit.
Le lendemain matin, sors la tasse du réfrigérateur. Mélange.
Coupe quelques rondelles de banane et dispose-les au-dessus du porridge froid.
Ton petit-déjeuner est prêt !

Petit bonus de fée :
La banane est riche en potassium, cela favorise la concentration et l'apprentissage.

Biscuits Magiques :
Les bonshommes en pain d'épices !

Pour 5 personnes.

Chocolats dragéifiés pour le nez et les yeux
Un peu d'eau
250 gr de farine
175 gr de cassonade
100 gr de beurre
20 gr de sucre glace
1 cuiller à café de cannelle
1 cuiller à café de levure chimique

Mets la cassonade, la cannelle et le beurre ramolli dans un saladier.
Mélange énergiquement avec une cuiller en bois pour obtenir une consistance crémeuse.
Ajoute, peu à peu, la farine tamisée et la levure. Malaxe avec les mains.
Forme une boule de pâte et recouvre le saladier d'un linge.
Place-le au réfrigérateur pendant 1 heure.
Sur un plan de travail fariné, étale la pâte au rouleau à pâtisserie pour obtenir 1/2 cm d'épaisseur.
Découpe les bonshommes au couteau ou à l'emporte-pièce.
Dispose les biscuits sur une plaque beurrée en les espaçant.
Mets la plaque au four à 180°C pendant 15 minutes environ.
Vérifie régulièrement la cuisson.
Quand ils sont dorés, sors la plaque du four et laisse les biscuits refroidir sur une grille.
Prépare le glaçage qui fixera les chocolats dragéifiés sur les biscuits.
Mets le sucre glace dans un bol et ajoute, petit à petit, de l'eau. Mélange à la fourchette.
Colle les yeux et les boutons du gilet des petits bonshommes en pain d'épices.

MARRON

Les trois bols *Magiques* de **chocolat** chaud de Boucle d'Or !
Pour 4 personnes.

Une pincée de cannelle
100 gr de chocolat noir
30 gr de sucre glace
2/3 litre de lait de vache
1/3 litre de lait de coco (ou d'amande ou de noisette ou de riz ou un mélange de ceux-là.)
20 cl de crème liquide (végétale ou non)
3 cuillers à soupe de sirop d'érable
1 cuiller à café d'extrait de vanille

Casse la plaque de chocolat en morceaux et mets-les dans une casserole.
Verse le lait de coco et allume le gaz sur feu doux.
Mélange régulièrement jusqu'à ce que le chocolat soit fondu.
Ajoute ensuite le lait de vache et la pincée de cannelle.
Surveille la cuisson et mélange de temps en temps.
Prépare la crème chantilly en mettant la crème liquide et l'extrait de vanille dans un récipient en métal préalablement refroidi au réfrigérateur.
Monte-la en chantilly avec un fouet électrique.
Quand la crème s'épaissit, ajoute le sucre glace et continue à fouetter.
Dès que le lait chocolaté est chaud, ajoute le sirop d'érable et mélange énergiquement.
Sers le chocolat chaud dans des bols et mets un peu de crème chantilly dans chaque bol.

Petit bonus de fée :
Selon les goûts, tu peux faire un chocolat chaud uniquement à base de lait végétal ou même inverser les proportions lait de vache/lait végétal. J'aime proposer ce mélange 1/3 de lait végétal et 2/3 de lait de vache car il allège un peu le lait de vache et permet de s'habituer progressivement aux laits végétaux.

Truffes au cacao et pointe de chlorelle
Pour 6 personnes.

1 jaune d'œuf
Quelques gouttes d'extrait de vanille
200 gr de chocolat noir
100 gr de margarine végétale
80 gr de sucre roux
2 cuillers à soupe de cacao non sucré
2 cuillers à soupe de noix de coco râpée (facultatif)
1/2 cuiller à café de chlorelle (ou de thé matcha ou de spiruline, à trouver en magasins bio)

Casse la plaque de chocolat et fais fondre les morceaux au bain-marie.
Ajoute la margarine sur le chocolat et mélange avec une cuiller en bois.
Dès que le chocolat est fondu, transvase-le dans un saladier.
Ajoute le jaune d'œuf, l'extrait de vanille, le sucre et la chlorelle.
Remue délicatement.
Place le saladier au réfrigérateur pendant minimum 4 heures.
Quand la préparation est bien froide, mets la poudre de cacao et la noix de coco râpée dans une assiette creuse.
Prélève de petites quantités de chocolat à l'aide d'une cuiller à café.
Forme des boules et roule-les dans le mélange cacao-coco.
Dispose les truffes dans une boîte hermétique et remets-les au frais 1 heure.
Conserve-les au réfrigérateur.

Petit bonus de fée :
Les taux en fer et en vitamine B12 de la chlorelle sont les plus élevés de tous les végétaux.

Verrines **spéculoos** et framboises.

Pour 6 personnes.

450 gr de yaourt nature
450 gr de yaourt au soja nature
400 gr de framboises fraîches ou surgelées
125 gr de spéculoos
100 gr de sucre roux
1 cuiller à soupe d'eau de rose

Casse les spéculoos en petits morceaux à l'aide d'un pilon. Répartis-les dans chaque verrine.
Garde un peu de morceaux de spéculoos pour la décoration.
Cette base biscuitée doit faire environ 2 cm d'épaisseur.
Mets les framboises dans un saladier avec **20 gr** de sucre roux. Réduis-les en purée avec une fourchette.
Répartis cette purée sur chaque couche de spéculoos.
Dans un saladier, verse les 900 gr de yaourt.
Ajoute l'eau de rose et les **80 gr** de sucre restant. Mélange.
Verse cette préparation dans les verrines.
Saupoudre de miettes de spéculoos le dessus de chaque verrine.
Place les verrines au réfrigérateur durant 8 heures avant de déguster.

Caviar d'aubergines et de sésame.

Pour 4 personnes.

2 aubergines
2 gousses d'ail
5 brins de coriandre fraîche (facultatif)
1/2 citron
3 cuillers à soupe d'huile d'olive
1 cuiller à soupe de gomasio (mélange de sésame et de sel, disponible en magasins bio)
1 cuiller à soupe de sauce soja
1 cuiller à café de sésame
1 cuiller à café de curry
Sel et poivre aux 5 baies

Coupe les aubergines en morceaux.
Pèle et hache l'ail.
Mets l'huile dans une casserole. Fais-la chauffer à feu doux.
Place l'aubergine et l'ail dans la casserole. Remue.
Ajoute le sésame, le curry, le poivre et le sel.
Poursuis la cuisson pendant 20 minutes environ.
Vérifie la cuisson et mélange régulièrement. Ajoute un peu d'eau si les aubergines accrochent.
Quand elles sont fondantes, retire la casserole du feu.
Lave et coupe la coriandre.
Presse le demi-citron et verse le jus sur les aubergines.
Ajoute la coriandre, la sauce soja, un filet d'huile d'olive et le gomasio.
Mixe la préparation dans un bol hachoir électrique.
Ajuste l'assaisonnement et place au réfrigérateur au moins 1 heure.
Ce caviar d'aubergine se conserve au frais dans un bocal fermé.
Le caviar d'aubergines est délicieux sur des toasts en apéritif ou en accompagnement d'une salade de tomates ou de légumes braisés.

Croustillants salés aux graines de lin, de sésame, et de tournesol.

Pour 2 personnes.

1 blanc d'œuf
4 cuillers à soupe de graines de lin
4 cuillers à soupe de graines de sésame
3 cuillers à soupe de graines de tournesol décortiquées
Sel de mer

Dans un bol, mets le blanc d'œuf, les graines de tournesol, de lin et de sésame.
Ajoute un peu de sel.
Mélange jusqu`à ce que toutes les graines soient imprégnées d'œuf.
Prends un moule à tarte en téfal.
Étale le mélange en une fine couche sur la base du moule.
Enfourne à 180°C durant 10 minutes environ.
Vérifie régulièrement la cuisson.
Dès que le croustillant est doré, retire le moule du four et laisse refroidir.

Petit bonus de fée :
Ce croustillant est un excellent apéritif !
Il peut aussi servir d'en-cas salé.

« Energy balls » aux **dattes** et **raisins secs**.
Pour 6 personnes.

10 baies de goji
10 dattes
80 gr d'amandes (trempées pendant 4 heures dans l'eau)
60 gr de noix de cajou (trempées pendant 4 heures dans l'eau)
50 gr de cacao en poudre, non sucré
40 gr de raisins secs
30 gr de noix de coco râpée + 4 cuillers à soupe pour l'enrobage
2 cuillers à soupe de sirop d'érable
1 cuiller à soupe de miel
1 cuiller à café d'extrait de vanille

Dénoyaute les dattes et mets-les dans un bol hachoir électrique.
Ajoute les amandes, les noix de cajou, le cacao, les raisins secs, la noix de coco, les baies de goji, le sirop d'érable, le miel et l'extrait de vanille.
Mixe la préparation durant quelques minutes, jusqu'à ce qu'elle soit homogène.
Rajoute un peu d'eau si le mélange est trop compact.
Mets le mélange au réfrigérateur durant une nuit.
Prélève de petites quantités de pâte à l'aide d'une cuiller à soupe et forme des boules de 3 cm d'épaisseur.
Dispose-les sur une assiette et place-les au réfrigérateur durant 30 minutes environ.
Verse un peu de noix de coco râpée dans une assiette creuse et, une à une, roule les boules dedans afin de les enrober de coco râpé.
Ces « energy balls » se conservent au frais et dans une boîte hermétique.

Petit bonus de fée :
Elles sont idéales pour les goûters des enfants et s'accompagnent de jus de fruits ou de fruits frais.
Tu peux varier les goûts en les enrobant de chocolat noir fondu ou de pépites de chocolat blanc.

Îles flottantes et sa sauce **caramel** maison.
Pour 5 personnes.

La crème vanille :

1 gousse de vanille
4 jaunes d'œufs
60 gr de sucre roux
60 cl de lait

Les blancs en neige :

4 blancs d'œufs
40 gr de sucre roux

Le caramel :

100 gr de sucre roux

Fends la gousse de vanille dans le sens de la longueur. Ôte ses grains avec la pointe d'un couteau.
Verse le lait dans une casserole et ajoute la gousse et les grains de vanille. Fais chauffer sur feu doux. Remue régulièrement.
Laisse bouillir le lait durant 5 minutes. Puis, retire la casserole du feu.
Sépare les blancs et les jaunes d'œufs. Mets les jaunes dans un saladier avec le sucre. Bats énergiquement avec un fouet.
Verse, petit à petit, le lait vanillé sur le mélange jaunes/sucre, en remuant constamment.
Quand la préparation est homogène, remets-la dans la casserole.
Fais-la chauffer à feu doux, en remuant constamment avec une cuiller en bois. Éteins le gaz juste avant que la crème ne se mette à bouillir.
Monte les blancs en neige. Ajoute le sucre quand le blanc est monté.
Recouvre de papier sulfurisé la plaque du four et répartis la meringue en plusieurs petits tas, de la taille du bol où tu mettras la crème vanille.
Place au four sous le grill pendant 5 minutes environ.
Enlève la plaque du four quand la meringue est dorée.
Répartis la crème vanille et la meringue dans chaque bol.
Prépare le caramel en mettant les 100 gr de sucre roux dans une petite casserole. Ajoute 30 cl d'eau et secoue la casserole pour mélanger le sucre et l'eau sans ustensile. Fais chauffer à feu très doux et laisse mijoter, sans remuer, jusqu'à ce que le sucre ait complètement fondu.
Dès que le caramel prend une couleur dorée, retire la casserole du feu.
Verse directement un filet de caramel sur chaque bol.

Tajine aux **raisins secs**.
Pour 4 personnes.

4 poireaux
3 carottes
3 oignons
2 courgettes
2 gousses d'ail
1 bâton de cannelle
1 cm de gingembre frais
1 verre d'eau
20 gr de raisins secs
4 cuillers à soupe d'huile d'olive
2 cuillers à soupe de miel (ou de sirop d'érable)
1 cuiller à soupe de graines de sésame
1 cuiller à soupe de sauce soja
1 cuiller à café de curcuma
1 cuiller à café de curry
1 cuiller à café de paprika
1 cuiller à café d'herbes de Provence
Sel de mer

Mets les raisins secs dans un bol rempli d'eau froide. Fais-les tremper durant 30 minutes.
Pèle l'ail et les oignons. Émince-les.
Épluche les carottes et les courgettes. Coupe-les en rondelles épaisses.
Tranche les poireaux en rondelles.
Verse l'huile dans une casserole et allume le gaz à feu moyen.
Fais rissoler l'ail et les oignons.
Ajoute ensuite tous les autres ingrédients, y compris les raisins égouttés, ainsi qu'un verre d'eau.
Ferme le couvercle et laisse mijoter à feu moyen durant une quarantaine de minutes.
Vérifie et mélange régulièrement durant la cuisson afin que les légumes n'accrochent pas.
Rajoute de l'eau si nécessaire, le tajine doit toujours mariner dans sa sauce.

Sirop de menthe maison.
Il aura une teinte marron et non verte comme celle donnée par les colorants…

Pour 1 bouteille de sirop.

15 brins de menthe fraîche
900 gr de sucre roux
1 litre d'eau

Fais bouillir l'eau.
Lave la menthe.
Mets la menthe dans un grand bocal en verre avec couvercle (Par exemple, une conserve « Le Parfait »).
Quand l'eau bout, verse-la sur la menthe, dans le bocal.
Ferme le couvercle et laisse infuser durant 24 heures.
Filtre l'infusion obtenue en la passant au tamis.
Verse l'infusion de menthe dans une casserole et ajoute le sucre.
Mets-la à chauffer et laisse le sirop bouillir durant 10 minutes.
Retire du feu et verse le sirop de menthe dans une bouteille.
Place la bouteille au réfrigérateur au moins 1 heure.
Ce sirop se conserve au frais.

Petit bonus de fée :
La menthe est riche en fer et en vitamine C. Elle est excellente pour la digestion.

Potiron farci aux **raisins secs** et crème de **noix de coco**.

Pour 4 personnes.

1 potiron
2 gousses d'ail
200 gr de boulgour (blé concassé)
80 gr de raisins secs
20 cl de crème liquide de noix de coco
2 cuillers à soupe de sauce soja
1 cuiller à café d'herbes de Provence
1 cuiller à café de curry
1 cuiller à café de paprika
1/2 cuiller à café de curcuma
Poivre aux 5 baies

Fais tremper les raisins secs dans un bol d'eau froide durant 1 heure.
Pèle le potiron et coupe-le en deux.
Ôte les graines à l'intérieur et place les moitiés dans un plat à gratin.
Fais cuire le boulgour comme indiqué sur le paquet.
Pèle l'ail. Hache-le finement.
Mets l'ail, le boulgour, les raisins secs égouttés, la crème liquide, la sauce soja et les épices dans un saladier.
Mélange la farce.
Remplis de farce les deux moitiés de potiron.
Verse 15 cl d'eau dans le plat.
Place le plat au four à 210°C durant environ 50 minutes.
Vérifie régulièrement la cuisson.
Pique un couteau dans la chair du potiron. Le plat sera prêt quand le potiron sera fondant et sa garniture dorée.
Bonne dégustation !

Pain aux noix et aux figues séchées.
Pour 5 personnes.

6 figues séchées
1 sachet de levure boulangère
350 gr de farine
40 gr de noix décortiquées
20 cl d'eau tiède
1 cuiller à soupe de sirop d'érable
1 cuiller à soupe d'huile d'olive
1 cuiller à café de sel de mer
1 cuiller à café de sucre roux
1 cuiller à café de cannelle

Concasse grossièrement les noix.
Coupe les figues sèches en tranches.
Fais tremper les noix concassées et les figues séchées dans un bol d'eau froide durant 30 minutes.
Mets la levure boulangère dans **10 cl** d'eau tiède. Mélange.
Tamise la farine dans un saladier et ajoute, petit à petit, l'eau et la levure. Malaxe avec les mains.
Ajoute, un à un, le sirop d'érable, l'huile d'olive, le sel, le sucre puis la cannelle. Complète avec les **10 cl** d'eau restant si besoin pour obtenir une pâte compacte qui ne colle pas.
Pétris la pâte durant 10 minutes environ.
Égoutte les noix et les figues avec un tamis.
Coupe les figues réhydratées en petits cubes de 1/2 cm.
Incorpore les noix et les morceaux de figues dans la pâte. Malaxe.
Forme une boule de pâte et place-la sur une plaque de four farinée.
Recouvre-la d'un linge.
Mets la plaque dans un endroit à température ambiante.
Laisse-la monter pendant au moins 2 heures. Pétris à nouveau.
Dessine des croisillons sur le haut de la boule avec la lame d'un couteau. Laisse encore lever la pâte durant 4 heures.
Place la plaque au four à 210°C durant 25 minutes.

Boisson chaude au chocolat et à la crème de **marrons**.

Pour 4 personnes.

2/3 litre de lait de vache
1/3 litre de lait de coco (ou d'amande ou de noisette ou de riz ou un mélange de ceux-là.)
100 gr de chocolat noir
4 cuillers à soupe de crème de marrons
1/2 cuiller à café d'extrait de vanille

Casse la plaque de chocolat et mets les morceaux dans une casserole.
Verse le lait de coco et allume le gaz sur feu doux.
Mélange régulièrement jusqu'à ce que le chocolat ait fondu.
Ajoute le lait de vache et l'extrait de vanille. Remue encore.
Retire la casserole du feu et ajoute la crème de marrons.
Mélange au fouet et sers immédiatement dans des tasses.
C'est prêt !

Petit bonus de fée :
Selon les goûts, tu peux faire un chocolat chaud uniquement à base de lait végétal ou même inverser les proportions lait de vache/lait végétal. J'aime proposer ce mélange 1/3 de lait végétal et 2/3 de lait de vache car il allège un peu le lait de vache et permet de s'habituer progressivement aux laits végétaux.
Le chocolat noir est riche en magnésium et en antioxydant.

C'EST L'HEURE D'UN SMOOTHIE FORÊT NOIRE !

Pour 1 personne.

1 banane surgelée (elle a été mise au congélateur coupée en tranches)
10 cerises (fraîches ou en conserve) OU 2 cuillers à soupe de confiture de cerises
5 noix de cajou (ayant trempé au moins 4 heures dans l'eau, si possible)
3 dattes dénoyautées OU 1 cuiller à café de sucre de canne
5 baies de goji séchées (facultatif)
Quelques gouttes d'extrait de vanille
2 glaçons
25 cl de lait d'amande
1 cuiller à soupe de cacao en poudre, non sucré
1 cuiller à soupe de flocons d'avoine

Mets la banane surgelée en tranches dans un blender.
Dénoyaute les cerises. Place-les dans le blender.
Ajoute tous les autres ingrédients et mixe pendant quelques minutes jusqu'à ce que la consistance soit homogène.
C'est déjà prêt !
Ce smoothie est un petit-déjeuner idéal, mais aussi un goûter parfait.
Il peut même remplacer un repas si tu as envie de manger léger.

Petits bonus de fée :
Il existe des pailles en inox réutilisables !
Les baies de goji font partie des superaliments. Avec une dose minime, les apports nutritifs sont énormes.

NOIR

Fondue au **chocolat noir,**
aux fruits frais et au quatre-quarts.
Pour 5 personnes.

Le quatre-quarts :

3 œufs
Leur poids en farine
Leur poids en sucre roux
Leur poids en margarine végétale
1 sachet de levure chimique
1 cuiller à café d'extrait de vanille

La fondue :

2 bananes
2 poires
250 gr de fraises (ou autres fruits frais de saison)
200 gr de chocolat noir
40 gr de noix de coco râpée
20 cl de crème liquide de noix de coco

Mets la margarine ramollie dans un saladier. Ajoute le sucre et mélange.
Sépare les blancs et les jaunes d'œufs.
Ajoute les jaunes et l'extrait de vanille dans la margarine sucrée.
Tamise la farine et la levure, puis ajoute-les à la préparation. Mélange.
Monte les blancs en neige avec une pincée de sel.
Incorpore délicatement les blancs dans la pâte.
Beurre un moule à cake. Verse la pâte dedans et place au four à 180°C durant environ 40 minutes. Quand le quatre-quarts est cuit, sors-le du four et démoule-le. Dès qu'il est refroidi, coupe-le en cubes de 3 cm.
Pour la fondue au chocolat, fais fondre le chocolat au bain marie.
Ajoute la crème liquide et remue constamment jusqu'à ce que le mélange soit homogène. Retire du feu.
Dresse la table avec la fondue au chocolat, elle doit être maintenue au chaud par une bougie chauffe-plat.
Prépare différents bols contenant les bananes coupées en rondelles, les fraises équeutées, les morceaux de poires, la noix de coco râpée et les dés de quatre-quarts.
Le principe est de piquer un fruit ou un cube de quatre-quarts, de le tremper dans la fondue et de le saupoudrer d'un peu de noix de coco râpée.

Recette d'une **Assiette Noire** !
Compose-toi une assiette avec des aliments de couleur noire :

De fines rondelles de radis noir,
Des olives noires ou de la tapenade d'olives noires,
Des épinards cuits (dont la couleur devient presque noire)
Avec une gousse d'ail noir (ail confit dans l'eau de mer),
Deux tranches de pain de seigle recouvert de fromage de chèvre cendré.
Tu peux ajouter du riz noir, du sarrasin cuit, du riz sauvage, du riz gluant noir ou des pâtes à l'encre de sèche.
Disperse quelques lamelles de feuilles de nori noires sur ton assiette,
Mélange une demi-cuiller à café de graines de chia dans tes épinards,
Et quelques morceaux de tofu « Black Forest ».
Finalement, arrose le tout d'une vinaigrette balsamique au sésame noir (recette ci-dessous).

*Vinaigrette balsamique au **sésame noir** :*

6 cuillers à soupe d'huile d'olive
2 cuillers à soupe de vinaigre balsamique
1 cuiller à soupe de sauce soja
1 cuiller à café de sésame noir (ou de pâte de sésame noir, disponible en magasin bio)
Sel et poivre aux 5 baies

Verse l'huile dans un bol, ajoute la pâte de sésame noir et mélange énergiquement.
Ajoute le vinaigre, la sauce soja, le sel et le poivre.
Remue encore pour obtenir une sauce homogène.

FERME LES YEUX EN MANGEANT !

Voici la proposition pour ton prochain repas :

Soit **dans une pièce noire**,

Soit les paupières closes,

Soit avec un bandeau pour te cacher la vue.

Apprends à déguster un repas sans l'aide de ton regard.

Tu verras que ton sens du goût et celui de l'odorat seront décuplés !

Voilà une expérience riche en apprentissage

que tu peux t'offrir facilement.

C'est parti pour une cure de raisins noirs
durant un, deux ou trois jours !
Raisins frais, raisins secs, raisins de différentes variétés, jus de raisin,…

Un vraie cure de détox et de jouvence réunie.
Tout au long de cette cure,
pense à bien t'hydrater en buvant de l'eau.
Cela permettra d'éliminer les toxines
accumulées par ton corps au fil du temps.

Ail Noir :

Connais-tu l'**ail noir** ?
Ce serait bien d'en manger aujourd'hui.
L'ail noir est un ail confit dans l'eau de mer.
Il devient tendre et prend une couleur d'un noir intense.
Ce procédé décuplerait encore les bienfaits de l'ail !
La fabrication de l'ail noir nous vient d'Asie mais
nous en faisons aussi en France depuis quelques années.

Houmous à l'ail noir :
Pour 5 personnes.

2 gousses d'ail noir
1 citron
300 gr de pois chiches cuits
3 cuillers à soupe de tahini (crème de sésame)
3 cuillers à soupe d'huile d'olive
1/2 cuiller à café de cumin
1/2 cuiller à café de paprika
Sel et poivre aux 5 baies

Pèle l'ail et coupe-le en morceaux.
Presse le citron.
Place les pois chiches dans un bol hachoir électrique. Procède en deux ou trois fois si le bol est petit.
Ajoute l'ail noir, le jus de citron et les épices.
Mixe longuement jusqu'à ce que le houmous soit homogène.
Mets le houmous au réfrigérateur durant au moins 1 heure avant de déguster.
Ce houmous accompagne parfaitement une assiette de poivrons grillés ou d'aubergines farcies, ou d'autres légumes.
Il s'utilise aussi comme tartinade sur des toasts ou pour y tremper des bâtonnets de légumes.

NOIR

**Aujourd'hui est un jour « noir », « off », « nuit »,
un jour de repos pour ton système digestif :
Un jour de jeûne.**

Pas facile, mais tellement utile de temps en temps…
Si l'idée te séduit, ne bois que de l'eau, médite, marche au grand air,
ressource-toi intérieurement et extérieurement.

Informe-toi si tu as des doutes ou des questions
afin de mieux connaître et comprendre
cette pratique ancestrale qui s'est perdue avec le temps.

Les véritables recettes de Grand-Mère :
Les « Merveilleux »
Meringue, crème chantilly et copeaux de **chocolat noir**.

Pour 5 personnes.

4 blancs d'œufs
180 gr de sucre roux + 3 cuillers à soupe pour la crème chantilly
100 gr de chocolat noir râpé
40 cl de crème liquide
1 cuiller à café d'extrait de vanille

Monte les blancs en neige très ferme.
Incorpore le sucre, petit à petit, tout en continuant à fouetter les blancs.
À l'aide d'une douille ou d'une cuiller à soupe, dépose des petits tas de meringue d'environ 4 cm de diamètre sur la plaque du four recouverte de papier sulfurisé.
Mets la plaque au four à 150°C pendant environ 2 minutes.
Surveille la cuisson et dès que la meringue a gonflé, diminue le four à 100°C.
Poursuis encore la cuisson pendant 30 minutes afin que la meringue devienne croustillante.
Sors la plaque du four et laisse refroidir.
Verse la crème liquide dans un récipient en métal préalablement refroidi au réfrigérateur.
Monte la crème en chantilly.
Fouette d'abord doucement, puis augmente progressivement la vitesse.
Ajoute l'extrait de vanille et 3 cuillers à soupe de sucre roux. Fouette encore un peu.
Fabrique les merveilleux en coupant chaque meringue en deux.
Place la base en dessous puis étale une couche de chantilly.
Dépose ensuite la partie supérieure à l'envers.
Couvre les deux parties de crème chantilly, sur les côtés et au-dessus.
Saupoudre de chocolat noir râpé.

NOIR

Aujourd'hui, quand tu seras à table,

offre-toi un peu de musique classique…

Un « **Nocturne** » de Chopin,

cela te fera le plus grand bien !

Petits cakes au citron et aux **graines de pavot**.
Pour 6 personnes.

Le cake :

3 œufs
2 citrons
1/2 sachet de levure
125 gr de farine
50 gr d'amandes en poudre
100 gr de margarine végétale
125 gr de sucre roux
1 cuiller à soupe bombée de graines de pavot (ou de graines de chia)

Le glaçage:

80 gr de sucre glace
Quelques gouttes de jus de citron
Un peu d'eau

Râpe le zeste d'un citron. Presse les deux citrons.
Sépare les blancs et les jaunes d'œufs.
Mets les jaunes dans un saladier avec le zeste, le jus de citron, les graines de pavot, le sucre et la margarine ramollie. Mélange.
Petit à petit, ajoute la poudre d'amandes, la farine tamisée et la levure dans la préparation.
Monte les blancs en neige à l'aide d'un fouet.
Incorpore les blancs dans la pâte. Mélange en douceur.
Verse-la dans des moules à cake individuel en ne remplissant pas au-delà des 3/4. Place-les au four pendant 20 minutes environ à 180°C.
Quand ils sont dorés et gonflés, retire les moules du four et laisse-les refroidir.
Dans un bol, mélange le sucre glace avec quelques gouttes de jus de citron et de l'eau (très peu à la fois) jusqu'à ce que la consistance soit crémeuse.
Quand les petits cakes sont bien refroidis, étale le glaçage sur chacun d'eux. Laisse-les durcir une heure environ.

Smoothie bowl **noir** !
Pour 1 personne.

Le smoothie :

1 banane surgelée (elle a été mise au congélateur coupée en tranches)
5 noix de cajou (ayant trempé au moins 4 heures dans l'eau, si possible)
3 dattes dénoyautées OU 1 cuiller à café de sucre de canne
5 baies de goji séchées (facultatif)
15 cl de lait végétal
1 cuiller à soupe de noix de coco râpée
1 cuiller à soupe de flocons d'avoine
1 cuiller à café d'extrait de vanille
1 cuiller à café de charbon végétal actif en poudre (disponible en pharmacie ou magasin bio)

Le topping :

1/2 banane
Des fruits frais (kiwi, framboises, mangue,…)
2 cuillers à soupe de chocolat blanc ou noir râpé
1 cuiller à soupe bombée de granola
1 cuiller à café de graines de chia

Mets la banane surgelée en tranches dans un blender.
Ajoute le lait, la noix de coco, l'extrait de vanille, le charbon en poudre, les noix de cajou, les baies de goji, les dattes dénoyautées et les flocons d'avoine.
Mixe pendant quelques minutes jusqu'à ce que le smoothie soit bien homogène.
Verse le smoothie dans un grand bol et garnis-le avec les différents ingrédients du topping.
Place une bande de banane en rondelles, une bande de fruits frais en morceaux, une bande de graines de chia, une bande de chocolat râpé et une bande de granola. Ce smoothie bowl se mange à la cuiller.
Le charbon végétal est comestible, il améliore la digestion. Malgré sa couleur prononcée, il a un goût très neutre.

Milk-shake vegan au café :

Pour 1 personne.

1 banane surgelée (elle a été mise au congélateur coupée en tranches)
4 noix de cajou
4 baies de goji
3 dattes dénoyautées
30 cl de lait végétal
1 cuiller à soupe de flocons d'avoine
1 cuiller à café bombée de café soluble.

Mets la banane surgelée en tranches dans un blender.
Ajoute le lait, le café, les noix de cajou, les baies de goji, les dattes dénoyautées et les flocons d'avoine.
Mixe pendant quelques minutes jusqu'à ce que le milk-shake soit bien homogène.
C'est déjà prêt !

Petits bonus de fée :
Il existe des pailles en inox réutilisables !
Les baies de goji font partie des superaliments. Avec une dose minime, les apports nutritifs sont énormes.

Soupe de nouilles chinoises
aux champignons noirs.
Pour 1 personne.

1 sachet individuel (85 gr) de nouilles chinoises (au blé ou au riz)
1/2 échalote
4 champignons noirs séchés
1 cm de gingembre frais
1 feuille de citron kaffir ou feuille de combava (disponible surgelée ou fraîche dans les magasins asiatiques)
1 demi-bâton de cannelle
1 étoile de badiane
1 clou de girofle
4 cuillers à soupe de coulis de tomates
1 cuiller à soupe de sauce soja
1 cuiller à soupe d'huile de sésame
1/2 cuiller à café de chlorelle (disponible en magasins bio)

Mets les champignons noirs à tremper dans un bol d'eau tiède durant 1 heure.
Au bout de 1 heure, égoutte-les et coupe-les en lamelles.
Pèle le gingembre et coupe-le en quatre.
Pèle l'échalote. Émince-la.
Verse 75 cl d'eau dans une casserole. Couvre la casserole et fais-la chauffer à feu fort.
Mets les champignons noirs, l'échalote, le gingembre, la feuille de citron kaffir, le bâton de cannelle, la badiane et le clou de girofle dans la casserole. Laisse mijoter environ 5 minutes.
Quand l'eau bout, ajoute le coulis de tomates, la sauce soja, l'huile de sésame, la chlorelle, du sel et du poivre.
Laisse encore cuire quelques minutes.
Dans une seconde casserole, verse 60 cl d'eau, couvre la casserole et fais-la chauffer à feu fort.
Quand l'eau bout, plonge les nouilles dans l'eau, ajoute une pincée de sel. Laisse cuire quelques minutes. Dès qu'elles sont devenues molles, égoutte-les. Place les nouilles dans un grand bol.
Arrose le tout du bouillon parfumé aux champignons.

Verrines de **mûres**.

Pour 5 personnes.

450 gr de yaourt nature
450 gr de yaourt au soja nature
400 gr de mûres fraîches ou surgelées
125 gr de sablés bretons (ou des speculoos)
80 gr de sucre roux + 20 gr pour le coulis de mûres
1 cuiller à café d'extrait de vanille

Concasse les sablés et répartis cette poudre dans chaque verrine.
Garde un peu de poudre de sablés pour la décoration.
Cette base biscuitée doit faire environ 2 cm d'épaisseur.
Mets les mûres dans un saladier avec **20 gr** de sucre roux. Mélange énergiquement.
Répartis cette purée de fruits sur chaque couche de biscuit.
Verse les yaourts dans un saladier.
Ajoute l'extrait de vanille et les **80 gr** de sucre restant.
Mélange.
Verse cette préparation dans chaque verrine.
Répartis un peu de miettes de sablés sur chaque verrine, en guise de décoration.
Place les verrines au réfrigérateur au moins 8 heures (l'idéal étant une nuit).
Régale-toi !

NOIR

Makis à l'**algue nori**.

Pour 4 personnes.

Le riz :
Recette et ingrédients du riz à sushi voir p. 75.

La garniture :
2 carottes
2 avocats
1 demi-concombre
1 oignon vert
1/2 citron
2 poignées de graines germées de fenugrec (ou autres graines germées)
10 brins de coriandre fraîche
Des feuilles d'algue nori
Wasabi (disponible au rayon asiatique)
Gingembre en tranches, mariné au vinaigre
2 cuillers à soupe de sauce soja
1 cuiller à soupe de graines de sésame
1 cuiller à soupe d'huile de tournesol

Prépare le riz à sushi.
Prépare la garniture des sushis.
Pèle les carottes et le concombre. Coupe le concombre en bâtonnets et râpe les carottes. Hache l'oignon vert et la coriandre.
Coupe l'avocat en deux et coupe la chair en tranches.
Presse le demi-citron. Dans un bol, mélange le jus de citron, l'huile, la sauce soja, les graines de sésame et du sel.
Place une feuille de nori sur la petite natte en bambou (faite pour réaliser les makis).
Étale sur l'algue une couche de riz d'environ 1/2 cm d'épaisseur. Laisse 2 cm vides sur un côté.
À l'extrémité du riz, dispose un bâtonnet de concombre, un peu de carotte râpée, une tranche d'avocat, un peu d'oignon vert, de la coriandre fraîche, des graines germées et de la sauce.
Roule le maki sur lui-même en le maintenant très serré. La partie sans riz permettra à la feuille de nori de coller d'un bord à l'autre.
Déguste les makis avec un peu de wasabi et du gingembre mariné.

Crèmes desserts au sésame noir.
Pour 5 personnes.

La pâte de sésame noir :
50 gr de sésame noir
20 gr de sucre roux
2 cuillers à soupe d'huile de tournesol

OU 60 gr de pâte de sésame noir (disponible dans les magasins bio)

La crème :
1 jaune d'œuf
80 gr de sucre roux
2 gr d'agar-agar (gélatine végétale à base d'algues)
40 cl de lait
20 cl de crème liquide

Mets le sésame noir et le sucre dans un bol hachoir électrique.
Mixe-les. Le mélange doit être homogène.
Verse les cuillers d'huile et mixe à nouveau. La préparation doit devenir une pâte.
Si cette pâte te semble trop compacte, rajoute un peu d'huile.

Mets la pâte de sésame noir et l'agar-agar dans une casserole. Verse le lait pour la diluer à l'aide d'une cuiller en bois.
Ajoute aussi la crème liquide ainsi que l'agar-agar puis fais chauffer la casserole sur feu doux. Remue constamment jusqu'à ébullition.
Sépare le blanc et le jaune de l'œuf. Mets le jaune dans un saladier.
Ajoute le sucre. Bats le mélange pour qu'il blanchisse.
Verse le lait au sésame brûlant dans le saladier contenant le jaune d'œuf sucré. Fouette sans cesse.
Remets la préparation dans la casserole et refais-la chauffer sur feu doux.
Mélange sans interruption jusqu'à ce que la crème de sésame nappe la cuiller en bois.
Laisse encore chauffer quelques minutes puis retire la casserole du feu.
Verse la crème dans des ramequins et place au réfrigérateur au minimum 2 heures.

Omelette japonaise à l'**algue nori**.

Pour 4 personnes.

4 œufs
2 feuilles d'algue nori séchée
1 tomate
1 échalote
6 cuillers à soupe d'eau
2 cuillers à soupe d'huile de tournesol
1 cuiller à soupe de gomasio (mélange de sésame et de sel, disponible dans les magasins bio)
1 cuiller à soupe de sauce soja
1 cuiller à café de miel
1 cuiller à café de curry
Poivre aux 5 baies

Coupe la tomate en petits dés.
Pèle l'échalote et hache-la.
Casse les œufs dans un saladier et fouette-les énergiquement.
Ajoute la tomate, l'eau, la sauce soja, le gomasio, le miel, le curry et le poivre. Fouette ce mélange.
Verse l'huile dans une grande poêle et fais-la chauffer sur feu moyen.
Fais rissoler l'échalote en remuant régulièrement.
Ajoute <u>la moitié</u> de la préparation dans la poêle.
Quand l'omelette est presque cuite, pose 1 feuille d'algue nori au-dessus. Laisse encore cuire moins d'une minute.
Enroule l'omelette sur elle-même, comme une crêpe, avec l'algue au centre. Fais-la cuire une minute environ puis retire-la du feu.
Renouvelle l'opération avec la seconde moitié de la préparation et la dernière feuille de nori.
Coupe l'omelette roulée en tranches de 4 cm de large.
À consommer tout de suite avec du riz et des légumes.

Bricks aux **pruneaux d'Agen** et à la feta.

Pour 5 personnes.

10 feuilles de brick
6 pruneaux
5 oignons
3 brins de menthe
Huile d'olive
150 gr de feta
1 cuiller à soupe d'herbes de Provence
1 cuiller à soupe de sirop d'érable
Sel et poivre aux 5 baies

Pèle les oignons et émince-les finement.
Verse un filet d'huile dans une poêle et fais-la chauffer à feu moyen.
Fais cuire les oignons. Laisse mijoter jusqu'à ce qu'ils soient tendres et rissolés.
Ajoute les herbes de Provence, le sirop d'érable, le sel et le poivre.
Mélange le tout puis retire la poêle du feu et réserve.
Dénoyaute les pruneaux. Coupe-les en petits morceaux.
Émiette la feta.
Hache finement les feuilles de menthe.
Pose une feuille sur le plan de travail.
Plie-la en deux. Mets au centre, un peu d'oignons frits, de la feta, des pruneaux et de la menthe.
Replie les bords vers le centre afin de réaliser un triangle hermétique.
Pose la brick retournée sur une plaque de four recouverte de papier sulfurisé huilé.
Renouvelle l'opération jusqu'à ce que toutes les feuilles soient fourrées.
Place la plaque au four à 180°C durant environ 5 minutes.
Quand les bricks sont dorées, retire-les du four.
À servir aussitôt.

Tapenade aux olives noires.

Pour 4 personnes.

1/2 gousse d'ail
1/4 citron
150 gr d'olives noires
5 cl d'huile d'olive
1 cuiller à soupe de câpres (facultatif)
1 cuiller à café de sauce soja
1/2 cuiller à café de moutarde
1/2 cuiller à café d'herbes de Provence
Sel et poivre aux 5 baies

Dénoyaute les olives.
Pèle l'ail et tranche-le.
Presse le demi-citron.
Mets les olives, l'ail, le jus de citron, l'huile, les câpres, la sauce soja, la moutarde, les herbes de Provence, le sel et le poivre dans un bol hachoir électrique.
Mixe jusqu'à ce que le mélange soit homogène.
À conserver au réfrigérateur dans un pot hermétique.
Cette tapenade se tartine sur du pain ou des toasts, elle s'utilise aussi pour tremper des bâtonnets de légumes crus ou comme accompagnement pour tes plats.

Petit bonus de fée :
Les olives noires sont riches en fer. Par ailleurs, elles améliorent le transit intestinal.

Verrines à base de jus de **raisins noirs**.

Pour 4 personnes.

1 pincée de cannelle
1/4 citron
50 cl de jus de raisins noirs (bio et d'excellente qualité de préférence)
10 gr de sucre roux
2 gr d'agar-agar (gélatine végétale à base d'algues)

Verse le jus de raisins noirs dans une casserole.
Presse le quart de citron.
Ajoute le jus de citron, la cannelle, l'agar-agar et le sucre dans la casserole.
Mets la casserole sur le gaz à feu doux.
Mélange régulièrement.
Quand le jus entre en ébullition, laisse-le encore quelques minutes sur le feu, tout en remuant.
Répartis le jus dans les différentes verrines et laisse-les refroidir.
Place ensuite les verrines au réfrigérateur durant une nuit.
Ce dessert ressemble à de la gelée (la fameuse « Jelly » anglaise) et il se déguste bien froid !

Petit bonus de fée :
Ce dessert s'adapte à tous les jus de fruits !
L'important étant de choisir un jus 100% fruit et non à base de concentré, le goût n'en sera que meilleur.

Lentilles à la mode marocaine.
Pour 4 personnes.

4 carottes
3 tomates
2 oignons
3 gousses d'ail
6 brins de coriandre fraîche (facultatif)
250 gr de lentilles vertes
3 cuillers à soupe d'huile d'olive
2 cuillers à soupe de sauce soja
1 cuiller à café de curry
1 cuiller à café de paprika
1/2 cuiller à café de cumin en poudre
1/2 cuiller à café de curcuma
1/2 cuiller à café de graines de coriandre

Mets les lentilles vertes dans une casserole et verse le double de leur volume d'eau salée. Couvre la casserole et chauffe-la sur feu moyen. Quand l'eau bout, laisse-les cuire 20 minutes environ.
Dès qu'elles sont tendres, éteins le feu et égoutte-les. Réserve au chaud.
Pèle les oignons et les carottes. Coupe-les en cubes.
Tranche les tomates en petits cubes. Épluche l'ail et hache-le finement.
Verse l'huile d'olive dans une casserole et fais-la chauffer à feu moyen.
Fais rissoler les oignons et l'ail pendant 5 minutes.
Hache finement la coriandre fraîche.
Dès qu'ils sont bien dorés, ajoute les carottes, les lentilles, du sel et tous les autres ingrédients. Laisse encore dorer quelques minutes, puis ajoute un verre d'eau pour que les légumes n'accrochent pas.
Fais cuire la préparation à couvert, en mélangeant et en vérifiant régulièrement la cuisson. Si besoin, ajoute un peu d'eau au fur et à mesure pour que les lentilles cuisent dans leur bouillon.
Ces lentilles seront délicieuses accompagnées de pommes de terre ou de semoule.

Fondant vegan au chocolat et au praliné.
Pour 6 personnes.

Praliné et pralin maison :
200 gr de sucre roux
100 gr d'amandes
100 gr de noisettes

Cake au chocolat :
200 gr de chocolat noir
200 gr de compote
70 gr de farine
70 gr de sucre roux
30 gr de maïzena
10 cl de lait d'amande (ou de coco)
1 cuiller à café de levure chimique

Place le sucre roux, les amandes et les noisettes dans une poêle.
Chauffe à feu doux en remuant avec une cuiller en bois.
Quand le sucre est caramélisé et qu'il enveloppe les amandes et les noisettes, retire la poêle du feu.
Répands la préparation sur du papier sulfurisé afin qu'il refroidisse.
Place les amandes et les noisettes caramélisées dans un bol mixeur.
Mixe afin de les réduire en poudre. Retire une partie de cette poudre et conserve-la dans un petit bocal : ce **pralin** sera utile pour décorer le fondant. Mixe encore le reste jusqu'à ce qu'il devienne une pâte crémeuse. C'est normal si la pâte chauffe.
Cette pâte se nomme le **praliné**. Réserve. (Tu conserveras le surplus au frigo, dans un second bocal. Il se garde durant plusieurs mois.)
Pour le cake, mets la compote et le sucre dans un saladier.
Mélange. Ajoute la farine tamisée, la maïzena et la levure. Mélange.
Casse la plaque de chocolat et mets-le dans un bol avec le lait d'amande. Place ce bol dans une casserole avec un fond d'eau. Fais-le chauffer au bain-marie. Quand le chocolat est fondu, retire le bol et verse-le dans la préparation compote/farine. Fouette énergiquement.
Verse le mélange dans un moule à cake huilé. Et ajoute au centre, une bande de praliné crémeux. Enfourne le moule à 180°C durant 10 minutes environ. L'intérieur doit être mi-cuit, voire coulant.
Saupoudre le cake démoulé et refroidi avec du pralin.

Boureks aux olives noires.
Pour 5 personnes.

20 olives noires
7 feuilles de brick
2 oignons
2 gousses d'ail
10 brins de persil
10 brins de coriandre fraîche
Huile de tournesol
700 gr de pommes de terre
150 gr de petits pois
1 cuiller à café de curry
1 cuiller à café de paprika
1/2 cuiller à café de curcuma
Sel et poivre aux 5 baies

Pèle les pommes de terre et coupe-les en petits dés.
Mets-les dans une casserole et recouvre-les d'eau salée. Fais chauffer à feu moyen.
Retire la casserole du feu lorsque les pommes de terre sont cuites.
Égoutte-les.
Épluche les oignons et l'ail. Émince-les et fais-les revenir dans une poêle avec un filet d'huile.
Hache finement le persil et la coriandre fraîche.
Dénoyaute les olives et coupe-les grossièrement.
Dans un saladier, mélange les pommes de terre, l'ail, les oignons, les petits pois, le curry, le paprika, le curcuma, le sel et le poivre.
Pose un peu de cette farce au centre d'une feuille de brick et plie les bords pour en faire un rectangle.
Verse de l'huile dans une grande poêle et fais cuire chaque bourek.
Quand les deux côtés du bourek sont dorés, retire-le du feu.
C'est prêt !
Traditionnellement, les boureks sont cuits dans un bain d'huile, mais j'ai préféré proposer ce mode de cuisson moins gras.

Taboulé de **quinoa noir**.
Pour 5 personnes.

3 œufs
3 tomates
1 oignon vert
1 concombre
1 citron
3 brins de menthe (ou de coriandre fraîche ou de persil)
350 gr de quinoa noir
50 gr d'olives noires
20 gr de raisins secs
5 cuillers à soupe d'huile d'olive
2 cuillers à soupe de sauce soja
1 cuiller à soupe de levure maltée (disponible au rayon diététique

Prépare le quinoa comme indiqué sur le paquet.
Une fois cuit, verse-le dans un grand saladier.
Fais bouillir une casserole d'eau pour y plonger les œufs durant minimum 10 minutes.
Sors les œufs durs de la casserole et laisse-les refroidir avant de les écailler.
Pèle le concombre et tranche-le en petits cubes.
Coupe les tomates en petits dés.
Dénoyaute les olives et mets-les dans le saladier de quinoa. Ajoute le concombre et les tomates.
Hache finement l'oignon vert. Ajoute-le dans le saladier.
Mélange doucement la préparation.
Coupe les œufs en petits morceaux.
Hache finement les feuilles de menthe.
Presse le citron.
Ajoute les œufs durs, la menthe, les raisins secs, l'huile, la sauce soja, la levure, le sel et le poivre dans le saladier. Mélange le taboulé.
Place le saladier au réfrigérateur au moins 1 heure avant de déguster.
Si tu ne possèdes pas de quinoa noir, remplace cette recette par du quinoa classique ou de la semoule.

Riz noir aux blettes et lentilles.
Pour 5 personnes.

3 tomates (ou 1 boîte de coulis de tomates)
700 gr de blettes
2 oignons
1 gousse d'ail
6 brins de persil
200 gr de riz noir
200 gr de lentilles vertes
2 cuillers à soupe d'huile d'olive
1 cuiller à soupe de sauce soja
1 cuiller à café de curry
1 cuiller à café de paprika
1/2 cuiller à café de curcuma
Sel et poivre aux 5 baies

Fais cuire le riz et les lentilles, séparément, comme indiqué sur leur paquet. Quand ils sont cuits, mélange le riz et les lentilles. Réserve-les au chaud.
Pèle l'ail et les oignons. Émince-les.
Verse l'huile dans une casserole et fais rissoler l'ail et les oignons.
Coupe les blettes en lamelles et ajoute-les aux oignons dès qu'ils sont dorés. Laisse mijoter le tout.
Coupe les tomates en petits dés. Ajoute-les aux blettes.
Hache le persil.
Dans les blettes, ajoute le persil, la sauce soja, le curry, le paprika, le curcuma, le sel et le poivre. Complète avec un verre d'eau.
Rajoute un peu d'eau durant la cuisson, si besoin, afin que les légumes marinent toujours dans un fond de sauce.
Pour finir, mélange les lentilles/riz noir et les blettes à l'aide d'une cuiller en bois.
Sers immédiatement !

Risotto de **sarrasin** aux champignons et **olives noires**.
Pour 4 personnes.

2 oignons
2 gousses d'ail
5 brins de coriandre (ou de persil)
200 gr de sarrasin
200 gr de champignons de Paris frais
50 gr d'olives noires
3 cuillers à soupe de levure maltée (à trouver au rayon diététique)
3 cuillers à soupe d'huile d'olive
2 cuillers à soupe de sauce soja
1 cube de bouillon de légumes
1 cuiller à café d'herbes de Provence
1 cuiller à café de curry
1/2 cuiller à café de chlorelle (à trouver en magasins bio)

Pour réaliser le bouillon, verse 1 litre d'eau chaude dans une casserole et chauffe–la sur feu fort.
Ajoute la sauce soja, le bouillon de légumes, les herbes de Provence, le curry, la chlorelle, du sel et du poivre.
Couvre la casserole et laisse chauffer jusqu'à ce que l'eau bouille.
Coupe les champignons en lamelles.
Tranche en deux les olives dénoyautées.
Hache grossièrement les feuilles de coriandre (ou de persil).
Pèle l'ail et les oignons. Émince-les finement.
Verse l'huile dans une grande poêle et fais cuire l'ail, les champignons et les oignons. Quand ils sont rissolés, ajoute le sarrasin, les olives et la coriandre. Mélange avec une cuiller en bois.
Fais-les dorer pendant quelques minutes, en mélangeant constamment.
Dès que le bouillon bout, éteins le gaz de la casserole et ajoute une louche de bouillon dans la poêle afin que le sarrasin gonfle.
Mélange et laisse mijoter à feu doux.
Dès que l'eau a été absorbée, verse une nouvelle louche et mélange.
Répète l'opération jusqu'à ce que le sarrasin soit tendre.
Quand le sarrasin est cuit, saupoudre de levure maltée (elle remplace à merveille le parmesan). Servir tout de suite.

Bricks aux **champignons noirs**.
Pour 5 personnes.

10 feuilles de brick
2 œufs
2 carottes
1 oignon
1 gousse d'ail
4 brins de menthe
Huile de tournesol
300 gr de chou blanc
50 gr de vermicelles de riz chinois
20 gr de champignons noirs déshydratés
1 cuiller à soupe de sauce soja
1 cuiller à café de curry
1/2 cuiller à café de curcuma
Sel et poivre aux 5 baies

Mets les champignons noirs à tremper dans un grand bol d'eau chaude durant 2 heures.
Fais aussi tremper les vermicelles dans un autre bol d'eau chaude pendant 15 minutes. Égoutte les nouilles quand elles sont ramollies.
Pèle les carottes, l'oignon et la gousse d'ail. Râpe les carottes.
Émince les oignons. Coupe le chou blanc en fines lamelles.
Hache finement l'ail et les feuilles de menthe.
Égoutte les champignons noirs et tranche-les en lamelles.
Dans une poêle avec un filet d'huile, fais revenir les champignons noirs, les carottes, l'oignon, l'ail et le chou blanc.
Dans un saladier, casse les œufs et bats-les énergiquement.
Ajoute tous les ingrédients y compris les vermicelles égouttés, excepté les feuilles de brick. Mélange la préparation.
Pose une feuille de brick sur ton plan de travail et mets de la farce au centre. Replie les bords afin de former un rectangle hermétique.
Répète l'opération pour chaque feuille de brick.
Dispose les bricks sur une plaque de four recouverte de papier sulfurisé huilé. Place au four pendant 30 minutes environ à 180°C.

Smoothie bowl aux **mûres** et **graines de chia**.
Pour 1 personne.

Le smoothie :

1 banane surgelée (elle a été mise au congélateur coupée en tranches)
10 mûres fraîches ou surgelées
5 noix de cajou (ayant trempé au moins 4 heures dans l'eau, si possible)
3 dattes dénoyautées OU 1 cuiller à café de sucre de canne
5 baies de goji séchées (facultatif)
15 cl de lait d'amande (ou de coco ou de riz)
1 cuiller à soupe de graines de chia
1 cuiller à soupe de flocons d'avoine

Le topping :

Des fruits frais (banane, fraises, kiwi, mangue, mûres,…)
2 cuillers à soupe de granola au chocolat
1 cuiller à soupe de noix de coco râpée
1 cuiller à café de graines de chia

Sors la banane surgelée en tranches et mets-la dans un blender.
Ajoute les mûres, le lait, les graines de chia, les noix de cajou, les baies de goji, les dattes dénoyautées et les flocons d'avoine.
Mixe pendant quelques minutes jusqu'à ce que le smoothie soit homogène.
Verse le smoothie dans un grand bol et garnis-le avec les différents ingrédients du topping.
Place une bande de banane en rondelles, une bande de fruits frais en morceaux, une bande de graines de chia, une bande de noix de coco râpée et une bande de granola au chocolat.
Ce smoothie bowl se mange à la cuiller.
À consommer immédiatement !
Il est un petit-déjeuner idéal, mais aussi un goûter parfait.
Il peut même remplacer un repas si tu as envie de manger léger.

Biscuits sablés au sésame noir.

Pour 4 personnes.

La pâte de sésame noir :

70 gr de sésame noir
40 gr de sucre roux
2 cuillers à soupe d'huile de tournesol

OU 80 gr de pâte de sésame noir (disponible en bocal dans les magasins bios)

Le biscuit :

100 gr de farine
80 gr de pâte de sésame noir
80 gr de sucre roux
70 gr de beurre
1 pincée de sel de mer
+ 3 cuillers à soupe d'eau si nécessaire

Mets le sésame noir et le sucre dans un bol hachoir électrique.
Mixe-les. Le mélange doit être homogène.
Verse les cuillers d'huile et mixe à nouveau. La préparation doit devenir une pâte.
Si cette pâte te semble trop compacte, rajoute un peu d'huile.
Mets le beurre, la pâte de sésame, le sucre et le sel dans un saladier.
Bats énergiquement la préparation à l'aide d'un fouet.
Quand le mélange est homogène, ajoute la farine tamisée.
Malaxe avec les mains et forme une boule de pâte.
Place la boule dans un bol recouvert d'une assiette et mets-le au réfrigérateur durant 1 heure.
Sur une surface farinée, coupe la pâte en deux et forme deux boudins de 4 cm de diamètre. Laisse reposer 1 heure à température ambiante.
Coupe des tranches de 1 cm d'épaisseur et dispose-les sur une plaque de four recouverte de papier sulfurisé.
Place la plaque au four à 180°C pendant environ 20 minutes.
Quand ils sont cuits, patiente quelques minutes avant de les transposer sur une grille afin qu'ils refroidissent.

Wok de courgettes et de **champignons noirs**.
Pour 4 personnes.

4 courgettes
2 oignons
1 cm de gingembre frais
6 brins de coriandre fraîche (facultatif)
60 gr de pousses de bambou (en boîte)
20 gr de champignons noirs déshydratés
40 cl d'eau
2 cuillers à soupe de sauce soja
3 cuillers à soupe d'huile de tournesol
1 cuiller à café de curry
1/2 cuiller à café de curcuma
1/2 cuiller à café de chlorelle (à trouver en magasins bio)
Sel et poivre aux 5 baies

Mets les champignons noirs à tremper dans un grand bol d'eau chaude durant 1 heure.
Quand les champignons sont réhydratés, plonge-les dans une petite casserole d'eau chaude et fais-les cuire 20 minutes environ.
Coupe les courgettes en petits dés. Égoutte les pousses de bambou.
Pèle les oignons et le gingembre. Émince l'oignon et râpe le gingembre.
Hache grossièrement la coriandre.
Égoutte les champignons noirs cuits et tranche-les en lamelles.
Verse l'huile dans un wok (ou une grande poêle), fais rissoler les oignons et le gingembre.
Dès qu'ils sont dorés, ajoute les courgettes, les champignons, les pousses de bambou et tous les autres ingrédients.
Verse 40 cl d'eau dans le wok et mélange régulièrement durant la cuisson. Laisse mijoter durant 30 minutes.
Surveille la cuisson et rajoute un peu d'eau si nécessaire.
Ce plat s'accompagne de nouilles chinoises ou de riz cuit avec une cuiller à soupe d'huile de coco.

C'EST L'HEURE D'UN SMOOTHIE ARC-EN-CIEL !

Pour 1 personne.

1 banane surgelée (elle a été mise au congélateur coupée en tranches)
1 orange
1 pêche fraîche ou surgelée
7 framboises fraîches ou surgelées
5 noix de cajou (ayant trempé au moins 4 heures dans l'eau, si possible)
3 dattes dénoyautées OU 1 cuiller à café de sucre de canne
5 baies de goji séchées (facultatif)
1 pincée de curcuma
15 cl de lait d'amande (ou autre lait végétal)
1 cuiller à soupe de flocons d'avoine
1/2 cuiller à café de graines de chia

Mets les framboises dans un blender.
Presse l'orange et ajoute le jus. Mixe durant plusieurs minutes.
Verse le jus de framboises/orange dans un grand verre.
Cela donnera une jolie teinte rouge à la base du smoothie.
Mets les tranches de banane surgelée dans le blender avec le lait d'amande.
Enlève le noyau de la pêche et sa peau. Coupe-la en morceaux.
Ajoute la pêche, les noix de cajou, les baies de goji, les dattes dénoyautées, les flocons d'avoine et la pincée de curcuma dans le blender.
Mixe pendant plusieurs minutes afin que le smoothie soit homogène.
Verse ce second smoothie dans le verre contenant le jus de framboises.
Saupoudre de graine de chia.
C'est prêt !
Ce smoothie est un petit-déjeuner idéal, mais aussi un goûter parfait.
Il peut même remplacer un repas si tu as envie de manger léger.

Recette d'une Assiette ARC-EN-CIEL salée.
Compose-toi une assiette avec des ingrédients multicolores :
Lentilles vertes et carottes, un avocat garni de houmous au curry,
Une salade de tomates, concombre et coriandre fraîche,

Les lentilles vertes et carottes :
Pour 1 personne.

2 carottes
1 oignon
1 gousse d'ail
1 feuille de laurier
100 gr de lentilles vertes
1 cuiller à soupe d'huile d'olive

Pèle l'ail, les carottes et l'oignon.
Émince l'ail et les oignons.
Coupe les carottes en 4 dans le sens de la longueur.
Verse l'huile dans une casserole et fais-la chauffer sur feu moyen.
Ajoute l'ail et les oignons. Fais-les rissoler pendant plusieurs minutes.
Quand les oignons sont dorés, ajoute les carottes. Mélange.
Ajoute les lentilles et le double de leur volume d'eau.
Mets aussi la feuille de laurier, du sel et du poivre.
Retire la casserole du feu quand les lentilles sont fondantes.

Le houmous au curry :

1 citron
1 gousse d'ail
300 gr de pois chiches cuits
3 cuillers à soupe de tahini (crème de sésame)
3 cuillers à soupe d'huile d'olive
1 cuiller à café de curry
1/2 cuiller à café de cumin
1/2 cuiller à café de paprika

Pèle l'ail et coupe-le en morceaux. Presse le citron.
Place les pois chiches, l'ail, le jus de citron et les autres ingrédients dans le bol hachoir. Mixe jusqu'à ce que le houmous soit homogène.

Recette de brochettes fruitées **RAINBOW-Love** !

Pour 6 personnes.

1 ananas
Des fraises
Des framboises
Des oranges
Des pommes
Des raisins verts
Des kiwis
Des raisins noirs
1 citron
1 pincée de cannelle
1 verre de jus de pomme
3 cuillers à soupe de sirop d'érable
Des piques à brochettes en bois (ou en métal)

Épluche l'ananas, ôte son cœur. Coupe sa chair en cubes de 2 cm.
Pèle les oranges et les pommes.
Tranche les oranges et les pommes en quartier, puis coupe chaque quartier encore en deux. Réserve.
Pèle les kiwis et coupe-les en cubes de 2 cm. Réserve.
Équeute les raisins noirs et les raisins verts. Réserve.
Presse le citron. Prépare le sirop en mettant le jus de pomme et le jus du citron dans un bol. Ajoute le sirop d'érable et la cannelle.
Mélange énergiquement ce sirop.
Confectionne les brochettes fruitées en piquant dans l'ordre :
Un morceau de kiwi, d'ananas, de pomme, de raisin vert, d'orange, de fraise, de framboise et de raisin noir.
Juste avant de servir les brochettes, arrose-les de sirop.

Petit bonus de fée :
Ces brochettes sucrées et colorées auront beaucoup de succès auprès des enfants lors d'un anniversaire !

Pizza **RAINBOW** !
Pour 5 personnes.

<u>La pâte à pizza :</u>
Ingrédients et recette voir p.184.

<u>La garniture :</u>
10 cl de coulis de tomates
1/2 courgette
1/2 poivron jaune
1/2 poivron vert
1/2 poivron rouge
1/2 oignon rouge (ou 1 échalote)
1/2 oignon blanc
1 gousse d'ail
Huile d'olive
50 gr de parmesan
2 cuillers à soupe de crème de vinaigre balsamique (facultatif)
1 cuiller à café d'herbes de Provence

Prépare la pâte à pizza.
Quand elle a doublé de volume, étale-la au rouleau sur un plan fariné.
Dispose-la sur la plaque du four recouverte de papier sulfurisé.
Laisse-la encore monter pendant au moins 30 minutes.
Répands uniformément le coulis de tomates sur la pâte.
Pèle la demi-courgette et râpe-la.
Tranche les poivrons en fines lamelles. Ne mélange pas leur couleur.
Émince l'oignon rouge et l'oignon blanc. Garde-les séparés.
Garnis la pizza de différentes bandes colorées faites avec les légumes.
Commence avec une bande de poivron vert, puis la courgette, l'oignon blanc, le poivron jaune, le poivron rouge et l'oignon rouge.
Pèle l'ail et hache-le très finement. Répartis l'ail sur les légumes.
Saupoudre les herbes de Provence, le parmesan, le sel et le poivre sur les légumes.
Termine avec l'huile d'olive et la crème de vinaigre balsamique.
Mets la pizza au four à 180°C durant 20 minutes environ.

Légumes **ASSORTIS** rôtis au four.
Pour 5 personnes.

2 navets
1 panais
1 poivron rouge
1 poivron vert
1 poivron jaune
1 oignon rouge (ou 1 échalote)
3 tomates
2 carottes
3 gousses d'ail
100 gr de potiron
4 cuillers à soupe d'huile d'olive
2 cuillers à soupe de sauce soja
2 cuillers à soupe de sirop d'érable
1 cuiller à soupe de moutarde
1 cuiller à soupe de gomasio (mélange de sésame et de sel, à trouver en magasins bio)
1 cuiller à café d'herbes de Provence
1 cuiller à café de curry
1 cuiller à café de paprika

Pèle les navets, l'oignon rouge, le morceau de potiron, le panais, les carottes et l'ail.
Coupe ces différents légumes en rondelles de 1 cm.
Tranche les poivrons en lamelles après en avoir ôté les grains et le cœur. Coupe chaque tomate en deux.
Dispose tous les légumes, par couleur, sur une plaque de four huilée. Commence par une bande de poivron vert, puis de navets, de panais, de poivron jaune, de potiron, de carottes, d'oignons rouges, de poivron rouge et enfin, les tomates. Hache finement l'ail.
Prépare une sauce avec l'ail, l'huile, la sauce soja, le sirop d'érable, la moutarde, le gomasio, les herbes de Provence, le curry, le paprika, du sel et du poivre. Mélange et répands la sauce sur tous les légumes.
Place la plaque au four à 180°C, pendant environ 45 minutes.

Taboulé ultra-COLORÉ.
Pour 5 personnes.

1/2 grenade
1 poivron vert
1 poivron jaune
1 échalote
1 concombre
3 tomates
4 brins de menthe fraîche
1 citron
350 gr de semoule
20 gr de raisins secs
10 gr d'olives noires
4 cuillers à soupe d'huile d'olive
2 cuillers à soupe de sauce soja

Mets de l'eau à bouillir dans une bouilloire.
Verse la semoule dans un saladier. Ajoute l'huile et le sel. Mélange.
Arrose la semoule d'eau bouillante jusqu'à la recouvrir de 1 cm d'eau.
Pose un linge sur le saladier.
Laisse gonfler la semoule.
Dénoyaute les olives noires.
Pèle la demi-grenade et ôte les grains. Réserve.
Coupe les poivrons après avoir enlevé les graines et le cœur.
Pèle l'échalote. Hache-la finement.
Épluche le concombre. Tranche-le en petits dés de 1 cm.
Coupe les tomates en petits cubes.
Hache les feuilles de la menthe.
Presse le citron.
Quand la semoule est gonflée, égrène-la à l'aide d'une fourchette.
Laisse-la refroidir.
Arrose la semoule de jus de citron, de sauce soja, du sel et du poivre.
Mélange et ajoute les raisins secs, les olives, les grains de grenade, les cubes de poivrons, de tomates, de concombre, l'échalote hachée et la menthe fraîche. Remue délicatement.
Place le taboulé 30 minutes au réfrigérateur avant de servir.

Un peu de calme et de quiétude...

À table, tu pourrais écouter une œuvre

du merveilleux **ARVO PÄRT**

Bonne jubilation !

Verrines sucrées ARC-EN-CIEL.

Pour 6 personnes.

4 kiwis
1 mangue
2 yaourts nature au soja
250 gr de mascarpone
100 gr de fraises fraîches ou surgelées (ou de framboises)
60 gr de sucre roux
1 cuiller à soupe de graines de chia
1 cuiller à café d'extrait de vanille

Mets les yaourts, le mascarpone, l'extrait de vanille et le sucre dans un saladier.
Fouette énergiquement pour obtenir une crème onctueuse.
Pèle les kiwis.
Mets-les dans le bol hachoir électrique.
Mixe-les.
Mélange ce coulis vert avec le mascarpone. Réserve.
Épluche la mangue. Ôte son noyau et coupe la chair.
Place-la dans le bol hachoir et mixe-la.
Réserve ce coulis jaune.
Équeute les fraises (ou les framboises).
Mets-les dans le bol hachoir électrique. Mixe-les.
Remplis les verrines avec une couche de coulis de fraises, une grosse couche de mascarpone aux kiwis et termine avec une couche de coulis de mangue.
Saupoudre chaque verrine d'un peu de graines de chia.
Place les verrines au réfrigérateur durant au moins 2 heures avant de déguster.
Bonne dégustation !

Verrines salées ARC-EN-CIEL.

Pour 6 personnes.

3 avocats
1 citron
1 concombre
3 tomates
6 brins de coriandre fraîche
1/2 échalote
2 poignées de graines germées (facultatif)
50 gr de betterave cuite
6 cuillers à soupe d'huile d'olive
2 cuillers à soupe de sauce soja
2 cuillers à soupe de graines de chia
Sel et poivre aux 5 baies

Coupe la betterave cuite, l'avocat, les tomates et le concombre en petits cubes de 1 cm.
Garde chaque légume séparé des autres pour ne pas mélanger les couleurs.
Hache finement les feuilles de coriandre et l'échalote.
Presse le citron.
Place dans chaque verrine une couche de betterave, de concombre, d'avocat et de tomate.
Dans un bol, mets la coriandre, l'échalote, l'huile, la sauce soja, le jus de citron, le sel et le poivre.
Mélange énergiquement cette sauce.
Verse-la sur chaque verrine.
Saupoudre les verrines d'un peu de graines de chia.
Termine par quelques graines germées.
Place les verrines au réfrigérateur durant 1 heure. Bonne dégustation !

Glaçons ARC-EN-CIEL.

Pour 6 personnes.

Sirop de citron
Sirop de fruit de la passion (ou d'orange)
Sirop de grenadine (ou de fruit rouge)
Sirop de cassis (ou de mûre)
Sirop de menthe
1 citron
1/2 orange
6 framboises fraîches
6 mûres fraîches
Quelques feuilles de menthe

Coupe deux rondelles de citron et deux rondelles d'orange.
Tranche ces rondelles en petits quartiers.
Place une rangée de quartiers d'orange dans un bac à glaçons.
Une autre rangée de quartiers de citron, une rangée de framboises, une rangée de mûres et une rangée de feuilles de menthe.
Verse le sirop de citron dans la rangée de rondelles de citron.
Verse le sirop de fruit de la passion dans la rangée de rondelles d'orange.
Verse le sirop de grenadine dans la rangée de framboises.
Verse le sirop de cassis dans la rangée de mûres.
Verse le sirop de menthe dans la rangée des feuilles de menthe.
Mets le bac à glaçons dans le congélateur durant au moins 6 heures.
Quand ils sont congelés, présente-les dans une coupelle afin que les invités puissent choisir le goût qui leur convient.
Important, utilise uniquement des fruits frais car il ne faut jamais congeler deux fois le même aliment.

Esquimaux RAINBOW.

Pour 5 personnes.

1 mangue
5 kiwis
1/2 citron
250 gr de fraises (ou de framboises)
30 gr de sucre roux

Pèle les kiwis.
Mets-les dans le bol hachoir électrique avec **15 gr** de sucre.
Mixe-les. Réserve ce coulis vert.
Épluche la mangue. Ôte son noyau et coupe la chair.
Place-la dans le bol hachoir et mixe-la. Réserve ce coulis jaune.
Presse le demi-citron.
Équeute les fraises (ou les framboises).
Mets-les dans le bol hachoir électrique avec le jus de citron et les **15 gr** de sucre qui reste.
Mixe cette préparation.
Remplis un tiers des moules à esquimaux avec une couche de coulis de kiwi.
Place les moules au réfrigérateur durant au moins 2 heures.
Quand le sorbet au kiwi a durci, sors les moules à esquimaux.
Renouvelle l'opération pour la couche de framboises puis la couche de mangue.
Lorsque tu mets la dernière couche de coulis, laisse au congélateur au moins 4 heures.
Tu obtiendras ainsi des esquimaux tricolores !
Important, utilise uniquement des fruits frais car il ne faut jamais congeler deux fois le même aliment.
Bonne dégustation !

Miam-ô-FRUITS.
Avec des graines de chia et des baies de goji.
Pour 1 personne.

3 fruits au choix : pomme, poire, kiwi, pêche, nectarine, framboises, fraises, mangue, myrtilles, mûres
1 banane
1/2 citron
6 baies de goji (facultatif)
1 pincée de curcuma
1 cuiller à soupe de graines de lin
1 cuiller à soupe de graines de sésame
1 cuiller à soupe d'amandes
1 cuiller à soupe de graines de tournesol
1 cuiller à soupe d'huile de colza
1 cuiller à café de miel
1/2 cuiller à café de graines de chia (facultatif)

Mets les graines de lin, de sésame, de tournesol et les amandes dans un bol hachoir électrique.
Mixe pendant plusieurs minutes jusqu'à obtenir une poudre épaisse.
Tu peux conserver cette poudre dans un bocal fermé au réfrigérateur durant des semaines. Car tu n'auras besoin que d'une cuiller à soupe de ce mélange pour chaque Miam-ô-fruits.
Pèle la banane et écrase-la dans une assiette creuse.
Verse une cuiller à soupe d'huile de colza, le jus du demi-citron, la pincée de curcuma et le miel. Mélange.
Ajoute les graines de chia et les baies de goji. Mélange.
Pèle et coupe en petits morceaux les trois fruits frais que tu as choisis et dispose-les uniformément sur la banane écrasée.
Ce petit-déjeuner hyper vitaminé varie tout au long de l'année en fonction des fruits de saison.
Il est excellent pour la santé et très nourrissant.

Smoothie bowl ARC-EN-CIEL.
Pour 1 personne.

Le smoothie :
1 banane surgelée (elle a été mise au congélateur coupée en tranches)
1 kiwi
2 feuilles d'épinard
1 pêche
5 noix de cajou (ayant trempé au moins 4 heures dans l'eau, si possible)
3 dattes dénoyautées OU 1 cuiller à café de sucre de canne
5 baies de goji séchées (facultatif)
15 cl de lait d'amande
1 cuiller à soupe de flocons d'avoine

Le topping :
1 kiwi
6 framboises ou fraises (fraîches ou surgelées)
1/2 banane
1/2 orange
2 cuillers à soupe de noix de coco râpée
1 cuiller à soupe de graines de courge
1 cuiller à soupe de granola

Mets les tranches de banane surgelée dans un blender.
Pèle le kiwi et coupe-le en quatre.
Tranche la pêche en morceaux. Lave les feuilles d'épinard.
Ajoute dans le blender, le kiwi, la pêche, les épinards, le lait, les baies de goji, les noix de cajou, les dattes dénoyautées et les flocons d'avoine. Mixe pendant quelques minutes jusqu'à ce que le smoothie soit homogène.
Verse le smoothie dans un grand bol et garnis-le avec les ingrédients du topping. Place une bande de banane en rondelles, une bande de framboises, une bande de graines de courge, une bande de noix de coco râpée et une bande de granola. Ce smoothie bowl se mange à la cuiller.

RAINBOW porridge breakfast.

Pour 1 personne.

Des fruits frais pour la garniture : banane, figue, mangue, pomme, raisins, framboises,...
25 cl de lait d'amande (ou de riz ou de coco)
3 cuillers à soupe de flocons d'avoine
2 cuillers à soupe de sirop d'érable
1 cuiller à café de graines de chia
1/2 cuiller à café d'extrait de vanille (facultatif)

À préparer la veille pour le lendemain.
Mets les flocons d'avoine, les graines de chia, le sirop d'érable, l'extrait de vanille et le lait dans un bol.
Mélange, puis place ce bol au réfrigérateur durant toute la nuit.
Sors-le du réfrigérateur le lendemain matin. Mélange.
Pèle et coupe les différents fruits en morceaux.
Pose-les sur le dessus du bol.
C'est prêt !

Petit bonus de fée :
Les flocons d'avoine sont riches en fer, en calcium et en magnésium.
Ces flocons facilitent l'élimination des toxines de l'organisme.

Rouleaux de printemps **MULTICOLORES**.
Pour 5 personnes.

10 feuilles de riz (disponibles au rayon asiatique)
1 feuille d'algue nori
1 salade
2 carottes
1/2 concombre
1/2 citron
2 poignées de graines germées de fenugrec ou d'alfalfa
1 poignée de cacahuètes décortiquées
4 brins de menthe fraîche
200 gr de vermicelles de riz chinois
6 cuillers à soupe d'huile de tournesol
2 cuillers à soupe de sauce soja
1 cuiller à soupe de miel

Fais cuire les vermicelles de riz comme indiqué sur le paquet.
Égoutte-les et réserve.
Pèle le concombre et les carottes. Coupe-les en bâtonnets. Réserve.
Lave la salade. Réserve. Concasse les cacahuètes. Réserve.
Lave les feuilles de menthe. Réserve.
Coupe l'algue nori en bandes de 2 cm, superpose-les et coupe-les en fines lamelles.
Verse de l'eau dans un moule à tarte. Trempe **une** feuille de riz durant quelques secondes et retire-la.
Mets la feuille de riz sur le plan de travail pour la garnir.
Au centre, pose une feuille de salade, un bâtonnet de concombre, un bâtonnet de carotte, des vermicelles de riz, des lamelles d'algue nori, des graines germées, deux feuilles de menthe et des cacahuètes.
Replie le côté droit et le côté gauche de la feuille de riz. Puis, roule-la comme une crêpe. Place le rouleau de printemps achevé sur un plat.
Renouvelle l'opération pour chaque rouleau de printemps.
Pour la sauce, presse le demi-citron. Mets le jus de citron dans un bol avec l'huile, la sauce soja, le miel, du sel et du poivre. Mélange.
Présente la sauce dans de petites coupelles individuelles.

Brochettes **ARC-EN-CIEL** pour barbecue.
Pour 4 personnes.

2 courgettes
1 poivron jaune
1 poivron vert
1 oignon
1 échalote
2 gousses d'ail
6 brins de persil
250 gr de tofu
200 gr de tomates cerises
4 cuillers à soupe d'huile d'olive
2 cuillers à soupe de sauce soja
1 cuiller à soupe de graines de sésame
1 cuiller à café de curry
1 cuiller à café de paprika

Coupe les courgettes en rondelles de 2 cm d'épaisseur.
Ôte le cœur et les graines des poivrons. Tranche-les en lamelles larges de 2 cm.
Pèle l'oignon, l'échalote et l'ail. Coupe l'oignon en cubes de 2 cm.
Hache finement l'ail et l'échalote. Lave les tomates cerises.
Coupe le bloc de tofu en dés d'environ 2 cm.
Hache la coriandre.
Dans un bol, mets l'échalote, l'ail, le persil, l'huile, la sauce soja, le sésame, le curry, le paprika, du sel et du poivre. Mélange.
Mets les légumes et le tofu dans un saladier.
Arrose-les avec la sauce.
Couvre le saladier d'une assiette et laisse mariner durant 4 heures au réfrigérateur.
Pique les différents morceaux de légumes et de tofu sur chaque brochette.
Fais-les cuire au barbecue (ou à la poêle) 20 minutes environ en les tournant régulièrement.

La maison en pain d'épices *Magique* de la sorcière d'Hansel et Gretel et sa décoration ARC-EN-CIEL !

Pour 5 personnes.

Le pain d'épices :

250 gr de farine
100 gr de cassonade (ou de sucre roux)
100 gr de margarine végétale
80 gr de miel
80 gr de sirop d'érable
20 cl de lait d'amande
1 cuiller à café de bicarbonate de soude
1 cuiller à café d'extrait de vanille
1 cuiller à café de muscade en poudre (ou de 4 épices)
1 cuiller à café bombée de cannelle en poudre
1 cuiller à café bombée de gingembre en poudre

Le glaçage royal :

1 blanc d'œuf
Quelques gouttes de jus de citron
Des bonbons colorés et des chocolats dragéifiés pour décorer
100 gr de sucre glace

Verse le lait dans une casserole et fais-la chauffer à feu doux.
Ajoute le miel, le sirop d'érable et l'extrait de vanille. Mélange.
Dès que le lait est chaud, retire la casserole du feu.
Dans un saladier, mélange la farine tamisée, le bicarbonate de soude, la cassonade, la muscade, la cannelle et le gingembre en poudre.
Quand la préparation est mélangée, ajoute le lait sucré.
Remue avec une cuiller en bois pour obtenir une pâte homogène.
Ajoute enfin la margarine ramollie. Mélange.
Verse la pâte dans un moule à cake beurré.
Place-le dans le four à 180°C durant 30 minutes environ.

Fais le test en enfonçant la lame d'un couteau dans le cake. Si elle ressort sèche, le pain d'épices est cuit.
Démoule le pain d'épices et laisse-le refroidir sur une grille.
Quand il est froid, prépare le glaçage royal.
Mets le blanc d'œuf et quelques gouttes de jus de citron dans un récipient et bats-les au fouet.
Dès qu'ils deviennent mousseux, ajoute le sucre glace.
Mélange pour obtenir une pâte onctueuse.
Coupe le pain d'épice en deux, verticalement, tu obtiendras ainsi deux petits pavés.
Le premier pavé sera la base de la maison et le second deviendra le toit.
Tranche les côtés droit et gauche d'un pavé afin qu'il ait la forme d'un toit.
Pose ce prisme triangulaire sur la maison. Il ne reste plus qu'à tout décorer !
Verse le glaçage dans un cornet en papier sulfurisé et dessine une porte, des fenêtres et des volets sur le pain d'épices. Trace aussi les tuiles (comme des écailles de poisson) sur le dessus du toit.
Utilise le reste du glaçage pour coller les bonbons et les dragées colorés pour décorer cette maison.
Laisse durcir le glaçage plusieurs heures avant de servir ce dessert.

TABLE DES MATIÈRES :

CHOISIS EN SUIVANT LE FIL DE L'ARC-EN-CIEL..........2

BLANC : 4

C'EST L'HEURE D'UN SMOOTHIE BLANC....................4
Goûters « cœur » noix de coco enrobés de chocolat......................5
Velouté au lait d'amande, courgette et basilic..............................6
Salade fraîcheur aux Pêches Blanches. 7
Thé blanc glacé à la grenade et verveine....................................8
Smoothie bowl bananes et coco..9
Recette d'une Assiette Blanche !..10
Une micro dose d'huile essentielle de thym................................11
Sorbet aux Litchis, aux framboises et à l'eau de rose..............12
Endives caramélisées aux amandes. 13
Tarte à la Banane, au spéculoos et au caramel..........................14
De l'eau……………………………………………………...15
Velouté aux asperges blanches..16
Salade de chou blanc façon asiatique.......................................17
Purée de pommes de terre et de céleri-rave..............................18
Salade aux lentilles, concombres et nectarines blanches rôties...19
De la levure maltée !...20
Salade fraîcheur de chou-rave. 21
Endives braisées aux champignons de Paris..............................22
Caviar d'ail et de courgettes. 23
Salade au fenouil et à la pomme. 24
Haricots blancs en salade et ses herbes aromatiques.................25
Soupe de pâtisson. 26
Patates douces gratinées à la crème de coco.............................27
Flan salé aux panais. 28
Tourte feuilletée aux champignons de Paris et feta. 29
Soupe de nouilles chinoises au radis blanc (daïkon)..............30
Granola à base d'avoine et de coco..31

Quinoa à la crème de coco et ses petits légumes.................32
Petits cakes glacés au sucre.................................33
Riz pilaf et feta à la grecque...............................34
Truffes coco et chocolat blanc...............................35
Son « Clair de lune »..36
Ceviche « express » à la pomme...............................37
Salade de pois chiches et feta. 38
Salade Iceberg aux artichauts................................39

JAUNE : 40

C'EST L'HEURE D'UN SMOOTHIE JAUNE.....................40
« LAIT D'OR » CHAUD 41
ÇA TE DIT DE MANGER UNE BANANE ? 42
Recette d'une Assiette Jaune ! 43
MOZART !..44
VERRE D'EAU CITRONNÉE FRAÎCHE !.......................45
Tofu et courgettes aux graines germées de fenugrec. 46
Soupe de nouilles chinoises au poivron jaune..................47
Palets de pommes de terre au curcuma. 48
Une micro dose d'huile essentielle de citron 49
Pois chiches au curry. 50
Tarte meringuée au citron et au basilic. 51
Un épis de maïs..52
Smoothie bowl à la pêche et à la banane......................53
Tartinade aux poivrons jaunes................................54
Galettes de pommes de terre..................................55
« Kletskops », biscuits sablés croquants et fondants. 56
Strudel aux pommes Golden. 57
Pain perdu *Magique du Petit Poucet*.........................58
Carpaccio d'ananas frais et sa boule coco. 59
Tarte chocolat et banane. 60
Chou chinois et sa crème de coco au gingembre. 61

ORANGE : 62

C'EST L'HEURE D'UN SMOOTHIE ORANGE................62
Cari gratiné de patates douces................63
Potimarron farci................64
Soupe *Magique* de citrouille. 65
Et si tu mangeais une orange ou buvais un jus d'orange 66
Carottes braisées à l'orange................67
Nouilles chinoises aux poivrons oranges. 68
VERRE D'EAU CHAUDE CITRONNÉE !................69
Buddha Bowl aigre-doux à la mangue. 70
Recette d'une Assiette Orange !................71
Riz au paprika................72
Makis aux graines germées de lentilles corail et carottes................73
Pumpkin pie................74
Recette du riz à sushi (sucre roux et vinaigre de riz)................75
Boulettes de lentilles corail................76
Carrot cake. 77
Ceviche à la mangue. 78
VERRE DE JUS D'ORANGES PRESSÉES................79
Le Fondant à l'orange de Peau d'Âne................80
Le « Millasson » parfumé à la fleur d'oranger................81
Moelleux au chocolat blanc, thé matcha & baies de Goji................82
Une micro dose d'huile essentielle de mandarine................83
Gâteau aux noix et au sirop d'érable. 84

ROUGE : 85

CROQUE UNE DÉLICIEUSE POMME................85
UN GRAND VERRE D'EAU CHAUDE ! 86
Une expérience *Magique* à vivre ? 87
Une fleur séchée d'hibiscus................88

Recette d'une Assiette Rouge !..89
Salade de betterave, d'oignon rouge et de graines germées.........90
Des fraises..91
Houmous de poivrons rouges...92
C'EST L'HEURE D'UN SMOOTHIE ROUGE ! 93
Smoothie bowl aux fraises. 94
Les pommes « Magiques » de Blanche-Neige !.........................95
Rougail de tomates...96

ROSE : 97

Recette d'une Assiette Rose ! 97
Smoothie bowl aux framboises et fraises. 98
Salade fraîcheur avocat, roquette et grenade............................99
Un peu de musique maintenant !..100
Salade de pastèque, feta et feuilles de menthe fraîche............101
Crumble à la rhubarbe..102
Paella végétarienne au riz rose de Camargue. 103
Une micro dose d'huile essentielle de pamplemousse 104
C'EST L'HEURE D'UN SMOOTHIE ROSE.............................105
Galette Magique aux framboises du Petit Chaperon Rouge....106
Pizza aux fromage de chèvre et oignons rouges......................107
Cupcakes aux framboises et à la rose......................................108
Verrines à la crème de betterave..109
Loukoums à la rose..110
« Faux-gras » au poivre rose : Foie-gras végétalien................111
Pain maison à l'ail rose..112
Musique maintenant...113
Chutney aux pommes et aux échalotes....................................114
Les biscuits Magiques à la rose réalisés par Luna Lafée.........115

VIOLET : 116

C'EST L'HEURE D'UN SMOOTHIE VIOLET..................116
Une micro dose d'huile essentielle de lavande 117
Buddha Bowl aux betteraves..................118
Recette d'une Assiette Violette..................119
Soupe de nouilles chinoises au navet..................120
Steaks de haricots rouges..................121
Tarte fine aux figues violettes..................122
Crèmes à la lavande..................123
Gâteau moelleux aux prunes..................124
Quinoa façon risotto aux olives et aux artichauts..................125
Salade de chou rouge cru au sésame..................126
Salade de betteraves..................127
Purée de pommes de terre vitelotte..................128
Confit d'échalotes..................129
Mange ce que ton cœur te dit..................130
Asperges violettes et sauce au persil..................131
Navets caramélisés..................132
Gâteau aux myrtilles..................133
Petits choux à la lavande..................134
Muffins aux bananes et au cassis..................135
Pudding de graines de chia à la poudre d'açaï..................136
Boisson chaude aux canneberges..................137
Salade de feuille de chêne, fromage de chèvre chaud au miel...138

BLEU : 139

C'EST L'HEURE D'UN SMOOTHIE BLEU..................139
Recette d'une Assiette Bleue..................140
Chou rouge cuit aux pommes..................141
Calme et volupté avec un repas aux chandelles..................142
Verrines de tiramisu au cassis..................143

Tarte aux bleuets (« myrtilles » au Canada)..................144
Porridge banane et graines de pavot..........................145
Sponge cake à la lavande.....................................146
LES FLEURS BLEUES COMESTIBLES................................147
Brochettes de tofu et de raisins noirs.......................148
Purée de courge bleue de Hongrie aux épices..................149
Lavande séchée (dont les fleurs sont bleues).................150
Smoothie bowl aux fruits des bois............................151
UN VERRE D'EAU FRAÎCHE.......................................152
Crumble aux prunes...153
Ragoût végétarien aux prunes.................................154
Salade de poires au roquefort................................155
Flan de courgettes et bleu d'Auvergne........................156

VERT : 157

C'EST L'HEURE D'UN SMOOTHIE VERT.............................157
Cure de pommes vertes..158
Thé *Magique* de Non-Anniversaire à la menthe................159
Cookies au thé matcha et au chocolat blanc...................160
Recette d'une Assiette Verte.................................161
Tzatziki de concombre et graines germées.....................162
Riz cantonais aux petits pois................................163
Poireaux et vinaigrette au miel..............................164
Guacamole d'avocats avec une touche de spiruline.............165
Une micro dose d'huile essentielle de menthe poivrée.........166
Courgettes sauce « Yassa » et olives vertes..................167
Spaghettis à la carbonara végétarienne aux petits pois.......168
Citron pressé chaud au thym..................................169
Smoothie bowl kiwi, menthe et épinard........................170
Falafels à la chlorelle......................................171
Gomasio à la Spiruline.......................................172

Muffins salés aux olives vertes et aux courgettes..................173
Petits pois grillés au wasabi..................174
Verrines de tartare de tomates, concombre et feta..................175
Petits choux à la pistache..................176
Bobun végétarien aux épinards..................177
Buddha Bowl avocat et graines germées de lentilles vertes......178
Salade de brocoli, mâche et champignons de Paris..................179
Soupe de nouilles chinoises chlorelle et spiruline..................180
Citronnade à la menthe et au citron vert..................181
Pesto de basilic et de roquette..................182
Cake aux pistaches et à la rose..................183
Pizza aux courgettes et olives vertes…………………..184
Boisson chaude au chocolat blanc et au thé matcha..................185
Vert comme Verdi..................186
Crèmes desserts à la pistache..................187
Soupe thaïlandaise au citron vert et à la citronnelle..................188
Poivrons verts farcis..................189
Choux de Bruxelles caramélisés..................190
Chou frisé farci au riz et aux lentilles vertes..................191
Courgettes farcies..................192
Spaghettis de courgettes crues, sauce aux tomates fraîches......193

MARRON : 194

SMOOTHIE MARRON à la crème de marrons..................194
Les noix..................195
Deux carrés de chocolat..................196
Cure de détox..................197
Mousse au chocolat et spiruline..................198
Recette d'une Assiette Marron..................199
Cake au chocolat et aux dattes..................200

Smoothie bowl au chocolat..201
Marrons glacés faits maison...202
Tarte chocolat, amandes et poires...203
Pâte d'amande enrobée de chocolat.......................................204
Légumes façon Thaï et cacahuètes..205
Soupe de carottes et de dattes..206
UN carré de chocolat..207
Musique..208
Tiramisu au thé matcha et au cacao..209
Brownie aux noix de pécan...210
« Cinnamon rolls » à la cannelle...211
Chili parfumé au clou de girofle..212
Over-night porridge poire et chocolat.....................................213
Les bonshommes en pain d'épices..214
Les trois bols *Magiques* de chocolat chaud, de Boucle d'Or.....215
Truffes au cacao et pointe de chlorelle...................................216
Verrines spéculoos et framboises..217
Caviar d'aubergines et de sésame...218
Croustillants salés aux graines de lin, sésame et tournesol.....219
« Energy balls » aux dattes et raisins secs.............................220
Îles flottantes et sa sauce caramel maison..............................221
Tajine aux raisins secs..222
Sirop de menthe maison...223
Potiron farci aux raisins secs et crème de noix de coco...........224
Pain aux noix et aux figues séchées.......................................225
Boisson chaude au chocolat et à la crème de marrons............226

NOIR : 227

C'EST L'HEURE D'UN SMOOTHIE FORÊT NOIRE...........227
Fondue au chocolat noir, aux fruits et au quatre-quarts...........228
Recette d'une Assiette Noire..229
FERME LES YEUX EN MANGEANT....................................230
Cure de raisins noirs...231

Ail Noir..232
Jour de repos pour ton système digestif.......................233
Les « Merveilleux »..234
Aujourd'hui, quand tu seras à table............................235
Petits cakes au citron et aux graines de pavot............236
Smoothie bowl noir...237
Milk-shake vegan au café..238
Soupe de nouilles chinoises aux champignons noirs....239
Verrines de mûres...240
Makis à l'algue nori...241
Crèmes desserts au sésame noir................................242
Omelette japonaise à l'algue nori...............................243
Bricks aux pruneaux d'Agen et à la feta....................244
Tapenade aux olives noires.......................................245
Verrines à base de jus de raisins noirs.......................246
Lentilles à la mode marocaine...................................247
Fondant vegan au chocolat et au praliné...................248
Boureks aux olives noires..249
Taboulé de quinoa noir..250
Riz noir aux blettes et lentilles..................................251
Risotto de sarrasin aux champignons et olives noires...............252
Bricks aux champignons noirs...................................253
Smoothie bowl aux mûres et graines de chia.............254
Biscuits sablés au sésame noir..................................255
Wok de courgettes et de champignons noirs.............256

ARC-EN-CIEL : 257

C'EST L'HEURE D'UN SMOOTHIE ARC-EN-CIEL............257
Recette d'une Assiette ARC-EN-CIEL salée...........................258
 Recette de brochettes fruitées RAINBOW-Love.................259
Pizza RAINBOW..260
Légumes ASSORTIS rôtis au four...261
Taboulé ultra-COLORÉ..262

Calme et quiétude..263
Verrines sucrées ARC-EN-CIEL...264
Verrines salées ARC-EN-CIEL...265
Glaçons ARC-EN-CIEL..266
Esquimaux RAINBOW..267
Miam-ô-FRUITS...268
Smoothie bowl ARC-EN-CIEL..269
RAINBOW porridge breakfast..270
Rouleaux de printemps MULTICOLORES.............................271
Brochettes ARC-EN-CIEL pour barbecue..............................272
La maison en pain d'épices et sa décoration ARC-EN- CIEL...273

TABLE DES PLATS PAR GENRE

PLATS SALÉS :

Apéritif/Entrée :
P. 175   Muffins salés aux olives vertes et aux courgettes.
P.174   Petits pois grillés au wasabi.
P.243   Omelette japonaise à l'algue nori.
P.244   Bricks aux pruneaux d'Agen et à la feta.
P.249   Boureks aux olives noires.

Assiette complète colorée :
P. 10   Recette d'une Assiette Blanche
P.43   Recette d'une Assiette Jaune
P.71   Recette d'une Assiette Orange
P.89   Recette d'une Assiette Rouge
P.97   Recette d'une Assiette Rose
P.119   Recette d'une Assiette Violette
P.140   Recette d'une Assiette Bleue
P.161   Recette d'une Assiette Verte
P.199   Recette d'une Assiette Marron
P.229   Recette d'une Assiette Noire
P.259   Assiette ARC-EN-CIEL salée

Buddha Bowl :
P.70   Buddha Bowl aigre-doux à la mangue.
P.118   Buddha Bowl aux betteraves.
P.178   Buddha Bowl avocat et graines germées de lentilles vertes.

Couscous/semoule/Boulgour :
P.43   Boulgour aux poivrons jaunes
P.263   Taboulé ultra-COLORÉ.

Flan salé :
P. 28   Flan salé aux panais.
P.156   Flan de courgettes et bleu d'Auvergne.

Haricot rouge :
P.121   Steaks de haricots rouges.
P.212   Chili parfumé au clou de girofle.

Légumes :
P. 13   Endives caramélisées aux amandes.
P. 22   Endives braisées aux champignons de Paris.
P. 27   Patates douces gratinées à la crème de coco.
P. 37   Ceviche « express » à la pomme.
P. 61   Chou chinois et sa crème de coco au gingembre.
P. 64   Potimarron farci.
P. 63   Cari gratiné de patates douces.
P. 67   Carottes braisées à l'orange.
P. 76   Boulettes de lentilles corail.
P. 78   Ceviche à la mangue.
P. 71   Tartare de poivrons et carottes.
P. 96   Rougail de tomates.
P.119   Chips à la betterave.
P.131   Asperges violettes et sauce au persil, de ma grand-mère.
P.132   Navets caramélisés.
P.141   Chou rouge cuit aux pommes.
P.149   Purée de courge bleue de Hongrie aux épices.
P.154   Ragoût végétarien aux prunes.
P.162   Tzatziki de concombre et graines germées.
P.164   Poireaux et vinaigrette au miel.
P.167   Courgettes sauce « Yassa » et olives vertes.
P.189   Poivrons verts farcis.
P.190   Choux de Bruxelles caramélisés, de ma grand-mère.
P.191   Chou frisé farci au riz et aux lentilles vertes, de ma grand-mère.
P.192   Courgettes farcies.
P.193   Spaghettis de courgettes crues et sa sauce aux tomates fraîches.
P.205   Légumes façon Thaï et cacahuètes.
P.222   Tajine aux raisins secs.
P.224   Potiron farci aux raisins secs et crème de noix de coco.

P.247 Lentilles à la mode marocaine.
P.252 Risotto de sarrasin aux champignons et olives noires.
P.253 Bricks aux champignons noirs.
P.257 Wok de courgettes et de champignons noirs.
P.262 Légumes ASSORTIS rôtis au four.
P.272 Rouleaux de printemps MULTICOLORES.

Pâtes/Nouilles :
P. 30 Soupe de nouilles chinoises au radis blanc (daïkon).
P. 47 Soupe de nouilles chinoises au poivron jaune.
P. 68 Nouilles chinoises aux poivrons orange.
P.120 Soupe de nouilles chinoises au navet.
P.168 Spaghettis à la carbonara végétarienne aux petits pois.
P.177 Bobun végétarien aux épinards.
P.180 Soupe de nouilles chinoises chlorelle et spiruline.
P.239 Soupe de nouilles chinoises aux champignons noirs.

Pain/galette :
P.112 Pain maison à l'ail rose.
P.225 Pain aux noix et aux figues séchées.
P. 219 Croustillants salés graines de lin, sésame et tournesol.

Pizza/tarte salée :
P. 29 Tourte feuilletée aux champignons de Paris et feta.
P.107 Pizza aux figues, fromage de chèvre et oignons rouges.
P.184 Pizza aux courgettes, romarin et olives vertes.
P.261 Pizza RAINBOW.

Pomme de terre :
P. 18 Purée de pommes de terre et de céleri-rave.
P. 48 Palets de pommes de terre au curcuma.
P. 55 Galettes de pommes de terre.
P.128 Purée de pommes de terre vitelotte.

Pois chiche :
P. 50 Pois chiches au curry.
P.92 Houmous de poivrons rouges.

P.171 Falafels à la chlorelle.
P.232 Houmous à l'ail noir.
P.259 Le houmous au curry.

Quinoa :
P. 32 Quinoa à la crème de coco et ses petits légumes.
P.125 Quinoa façon risotto aux olives et aux artichauts.
P.250 Taboulé de quinoa noir.

Riz :
P. 34 Riz pilaf et feta à la grecque.
P. 72 Riz au paprika.
P. 73 Makis California graines germées de lentilles corail et carottes.
P. 75 Recette du riz à sushi (sucre roux et vinaigre de riz).
P.103 Paella végétarienne au riz rose de Camargue.
P.163 Riz cantonais aux petits pois.
P.241 Makis à l'algue nori.
P.251 Riz noir aux blettes et lentilles.

Salade :
P. 7 Salade fraîcheur aux Pêches Blanches.
P. 17 Salade de chou blanc façon asiatique.
P. 19 Salade aux lentilles, concombres et nectarines blanches rôties.
P. 21 Salade fraîcheur de chou-rave.
P. 24 **Salade au fenouil et à la pomme.**
P. 25 Haricots blancs en salade et ses herbes aromatiques.
P. 38 Salade de pois chiches et feta.
P. 39 Salade Iceberg aux artichauts.
P. 90 Salade de betterave, d'oignon rouge et de graines germées.
P. 99 Salade fraîcheur avocat, roquette et grenade.
P.101 Salade de pastèque, feta et feuilles de menthe fraîche.
P.126 Salade de chou rouge cru au sésame.
P.127 Salade de betteraves.
P.138 Salade de feuille de chêne et fromage de chèvre chaud au miel.
P.155 Salade de poires au roquefort.
P.179 Salade de brocoli, mâche et champignons de Paris.

Soupe/Velouté :
P. 6 Velouté au lait d'amande, courgette et basilic.

P. 16   Velouté aux asperges blanches.
P. 26   Soupe de pâtisson.
P. 65   Soupe Magique de citrouille.
P. 89   Gaspacho
P.188   Soupe thaïlandaise au citron vert et à la citronnelle.
P.206   Soupe de carottes et de dattes.

Tartinade/caviar végétal :
P. 23   Caviar d'ail et de courgettes.
P.54   Tartinade aux poivrons jaunes et gressins maisons.
P.111   « Faux-gras » au poivre rose : Foie-gras végétalien.
P.114   Chutney aux pommes et aux échalotes.
P.129   Confit d'échalotes.
P.165   Guacamole d'avocats avec une touche de spiruline.
P.172   Gomasio à la Spiruline.
P.182   Pesto de basilic et de roquette.
P.218   Caviar d'aubergines et de sésame.
P.245   Tapenade.

Tofu :
P. 46   Tofu et courgettes aux graines germées de fenugrec.
P.148   Brochettes de tofu et de raisins noirs.
P.273   Brochettes ARC-EN-CIEL pour barbecue.

Verrine salée:
P.109   Verrines à la crème de betterave.
P.175   Verrines de tartare de tomates, concombre et feta.
P.266   Verrines salées ARC-EN-CIEL.

Vinaigrette/sauce :
P. 11   Vinaigrette citronnée.
P. 43   Vinaigrette « banane, moutarde et citron ».
P.119   Sauce vinaigrette à la betterave.
P.161   Sauce vinaigrette au citron vert et à la coriandre.
P.189   Sauce vinaigrette aux dattes
P.229   Vinaigrette balsamique au sésame noir.

DESSERTS :

Biscuit/petit sablé :
P. 56   « Kletskops », biscuits sablés croquants et fondants.
P.115   Les biscuits Magiques à la rose, réalisés par Luna Lafée.
P.160   Cookies au thé matcha et au chocolat blanc.
P.214   Biscuits Magiques : Les bonshommes en pain d'épices.
P.255   Biscuits sablés au sésame noir.

Boisson sucrée :
P. 8   Thé blanc glacé à la grenade et verveine.
P. 41   Lait d'or.
P.137   Boisson chaude aux canneberges.
P.185   Boisson chaude chocolat blanc et thé matcha.
P.159   Thé Magique de Non-Anniversaire à la menthe.
P.181   Citronnade à la menthe et au citron vert.
P.215   Les trois bols Magiques de chocolat chaud, de Boucle d'Or.
P.223   Sirop de menthe maison.
P.226   Boisson chaude au chocolat et à la crème de marrons.
P.238   Milk-shake vegan au café.

Crème/bavarois :
P.123   Crèmes à la lavande.
P.136   Pudding de graines de chia à la poudre d'açaï
P.187   Crèmes desserts à la pistache.
P.221   Îles flottantes et sa sauce caramel maison.
P.242   Crèmes desserts au sésame noir.

Chocolat/truffe :
P. 35   Truffes coco et chocolat blanc.
P.198   Mousse au chocolat et spiruline.
P.209   Tiramisu au matcha et au cacao.
P.216   Truffes au cacao et pointe de chlorelle.
P.228   Fondue au chocolat noir, fruits frais et quatre-quarts.

Gâteau/cake :
P. 33   Petits cakes glacés au sucre, de ma grand-mère.
P. 57   Strudel aux pommes Golden.
P.236   Petits cakes au citron et aux graines de pavot.
P. 77   Carrot cake.
P. 80   Le Fondant à l'orange de Peau d'Âne.
P. 81   Le « Millasson » parfumé à la fleur d'oranger.
P. 82   Moelleux au chocolat blanc, thé matcha & baies de Goji.
P. 84   Gâteau aux noix et au sirop d'érable.
P.102   Crumble à la rhubarbe.
P.108   Cupcakes aux framboises et à la rose.
P.124   Gâteau moelleux aux prunes.
P.133   Gâteau aux myrtilles.
P.135   Muffins aux bananes et au cassis.
P.146   Sponge cake à la lavande.
P.183   Cake aux pistaches et à la rose.
P.200   Cake au chocolat et aux dattes.
P.210   Brownie aux noix de pécan.
P.248   Fondant vegan au chocolat et au praliné.
P.274   La maison en pain d'épices Magique.

Glace/sorbet :
P. 12   Sorbet aux litchis, aux framboises et parfumé à l'eau de rose.
P. 59   Carpaccio d'ananas frais et sa boule coco.

Goûter/friandise :
P. 5   Goûters « coeur » noix de coco enrobés de chocolat.
P. 58   Pain perdu Magique du Petit Poucet.
P.110   Loukoums à la rose.
P.134   Petits choux à la lavande.
P.176   Petits choux à la pistache.
P.153   Crumble aux prunes.
P.202   Marrons glacés faits maison, de ma grand-mère.
P.204   Pâte d'amande enrobée de chocolat.

P.211 « Cinnamon rolls » à la cannelle.
P.220 « Energy balls » aux dattes et raisins secs.
P.234 Les « Merveilleux » : Meringue, chantilly et chocolat.
P.267 Glaçons ARC-EN-CIEL.
P.268 Esquimaux RAINBOW.

Fruits :
P. 95 Les pommes « Magiques », de Blanche-Neige.
P.260 Recette de brochettes fruitées RAINBOW-Love.
P.269 Miam-ô-FRUITS.

Porridge/granola :
P. 31 Granola à base d'avoine et de coco.
P.145 Porridge banane et graines de pavot.
P.213 Over-night porridge poire et chocolat.
P.271 RAINBOW porridge breakfast.

Verrine sucrée :
P.217 Verrines spéculoos et framboises.
P.143 Verrines de tiramisu au cassis.
P.240 Verrines de mûres.
P.246 Verrines à base de jus de raisins noirs.
P.265 Verrines sucrées ARC-EN-CIEL.

Smoothie :
P. 4 SMOOTHIE BLANC
P. 40 SMOOTHIE JAUNE
P. 62 SMOOTHIE ORANGE
P. 93 SMOOTHIE ROUGE
P.105 SMOOTHIE ROSE
P.116 SMOOTHIE VIOLET
P.139 SMOOTHIE BLEU
P. 57 SMOOTHIE VERT
P.194 SMOOTHIE MARRON
P.227 SMOOTHIE FORÊT NOIRE
P.258 SMOOTHIE ARC-EN-CIEL

Smoothie bowl :
P.   9   Smoothie bowl bananes et coco.
P. 53   Smoothie bowl à la pêche et à la banane.
P. 94   Smoothie bowl aux fraises.
P. 98   Smoothie bowl aux framboises et fraises.
P.151   Smoothie bowl aux fruits des bois.
P.170   Smoothie bowl kiwi, menthe et épinard.
P.201   Smoothie bowl au chocolat.
P.237   Smoothie bowl noir
P.257   Smoothie bowl aux mûres et graines de chia.
P.270   Smoothie bowl ARC-EN-CIEL.

Tarte :
P. 14   Banoffee : Tarte à la Banane, au spéculoos et au caramel.
P. 60   Tarte chocolat et banane.
P. 51   Tarte meringuée au citron et au basilic
P. 74   Pumpkin pie.
P.106   La galette Magique aux framboises, du Petit Chaperon Rouge.
P.122   Tarte fine aux figues violettes.
P.144   Tarte aux bleuets (« myrtilles » au Canada).
P.203   Tarte chocolat, amandes et poires.

Autres parutions du même auteur :

Le petit livre des Mantras à murmurer
— BOD Editions

Mon cahier de Mantras à colorier
— BOD Editions

L'éveil de la rose : En quête d'une sexualité consciente
Roman — Be Light Editions

Le dernier conte
Roman — Be Light Editions

Jack l'éventreur n'est pas un homme
Roman — BOD Editions

Mais que pensent les Méduses ?
Roman — Amazon Editions